Thies/von Daak
Südwestdeutschland Stunde Null

Brigitte B. aus Baden

Jochen Thies
Kurt von Daak

Südwestdeutschland Stunde Null

Die Geschichte der französischen Besatzungszone 1945–1948

Ein Bild/Text-Band

Droste Verlag Düsseldorf

Fotonachweis:

Amt für städtische Denkmalpflege Trier Nr. 169, Archiv Oberbürgermeister Kraus, Mainz, Nr. 159, BASF Unternehmensarchiv, Nr. 105, 108, 110, Hanswolfgang Bergs, Baden-Baden, Nr. 2, 44, 73, 80, 82, 125, 134, 148, 149, 153, 161, 167, 170, Bundesarchiv Koblenz, Nr. 3, 45, 59, 103, 118, Diakonisches Werk der Evangelischen Kirche in Württemberg, Nr. 37, 49, 51, 68, 71, 85, 86, 97, 104, Diakonisches Werk der Pfälzischen Landeskirche, Nr. 54, 55, 67, Établissement Cinématographique et Photographique des Armées, Fort d'Ivry, Nr. 4, 5, 8, 9, 11, 12, 13, 14, 15, 16, 17, 20, 21, 22, 26, 28, 30, 32, 69, 89, 90, 91, 94, 98, 99, 111, 115, 120, 124, 141, 142, 143, 145, 146, Generallandesarchiv Karlsruhe, Nr. 6, 18, 24, 40, 61, 93, 166, Herder Verlag, Freiburg, Nr. 34, Landesarchiv Speyer, Nr. 65, 109, Landeshauptarchiv Koblenz, Nr. 130, 131, 132, 133, Karl Müller, Freiburg, Nr. 62, 63, K. P. Nuernberg, Mainz, Nr. 83, 84, Stadtarchiv Landau in der Pfalz, Nr. 42, 43, 46, 47, 66, 70, Stadtarchiv Ludwigshafen, Nr. 27, 81, 112, 123, 121, Stadtarchiv Offenburg, Nr. 7, 72, 74, 75, 78, 79, 126, 127, 128, 129, 135, 150, 155, 156, 158, 168, Stadtarchiv Reutlingen, Nr. 33, 52, 53, 56, 57, 58, 60, 64, 76, 77, 113, 114, 117, 122, 144, Stadtarchiv Saarbrücken, Nr. 36, 38, 41, 48, 116, Stadtarchiv Saarlouis, Nr. 39, Stadtverwaltung Zweibrücken, Nr. 106, 107, 119, Städtische Kulturinstitute Worms, Nr. 1, 23, 25, 29, 31, 35, 50, 139, 140, Südwestfunk/Historisches Archiv, Nr. 101, 138, 147, 151, 152, 154, 160, Marianne Weickert, Baden-Baden, Nr. 157.

Foto auf Seite 2:

1 *Blick auf das zu 50 Prozent zerstörte Worms. Die Stadt wurde bereits 1689 einmal dem Erdboden nahezu gleich gemacht: durch Truppen des französischen Generals Mélac.*

Sonderausgabe für Gondrom Verlag GmbH & Co. KG, Bindlach 1989

Schutzumschlag- und Buchgestaltung: Helmut Schwanen
Gesamtherstellung: Zumbrink Druck GmbH, Bad Salzuflen
Lithos: Droste Klischee und Litho, Düsseldorf
ISBN 3-8112-0645-1

Inhalt

AUFRUF!

Auf Anordnung der Militärregierung ergeht hiermit die Aufforderung, bis zum 20. Juli 1945 alle Waffen, Munition, Ferngläser und Fotoapparate bei den Polizeibehörden, an größeren Plätzen bei den Polizei-Revieren und sonstigen Polizeidienststellen abzuliefern, sofern das bisher noch nicht geschehen ist. Weiter sind alle Kraftfahrzeuge, die bisher noch nicht gemeldet wurden, unverzüglich bei den oben angegebenen Polizeidienststellen anzumelden.

Es wird ausdrücklich darauf hingewiesen, daß es sich hier um die letzte Aufforderung zur Meldung von Waffen, Munition usw. sowie von Kraftfahrzeugen handelt. Wer die Meldung bis zum 20. Juli 1945 erstattet, bleibt straffrei. Gegen alle Personen, bei denen später noch Waffen, Munition usw. sowie Kraftfahrzeuge, die nicht gemeldet sind, vorgefunden werden, werden strengste Strafen verhängt.

Koblenz, den 12. Juli 1945

Der Regierungspräsident

Görres-Druckerei Koblenz

Vorwort

Es wird vielleicht Leser und Betrachter des Buches geben, die das eine oder andere Photo zu den angesprochenen Themen vermissen. Ihnen sei vorsorglich – nicht zur Entschuldigung – folgendes erwidert. Wir meinen, daß die Behandlung der Französischen Zone in Form eines Bild/Text-Bandes im Vergleich zur Amerikanischen oder Britischen auf mehrere Handicaps stößt. Die wichtigsten sind: 1. Die französischen Militärbehörden ließen nach der Besetzung Südwestdeutschlands alle erreichbaren Photoapparate beschlagnahmen; es herrschte Ablieferungspflicht. 2. Die Französische Zone bestand weitgehend aus agrarischen Gebieten, deren Bevölkerung als potentieller «Dokumentar» dieser Jahre natürlich nicht mit den Menschen der Ballungsräume West-, Nord- und Mitteldeutschlands auf eine Stufe gestellt werden kann. 3. Das Verhältnis der Siegermacht Frankreich zu den Deutschen war gespannter als die Beziehungen der beiden anderen westlichen Besatzungsmächte zum geschlagenen Gegner. Hinzu kam, daß Frankreich durch den Krieg enorm geschwächt und mit eigenen Problemen konfrontiert war. Es dürften daher weitaus weniger Reporter als aus den USA oder Großbritannien die eigene Zone bereist und mit ihren Photos «Spuren» hinterlassen haben. Ebenso fielen die Deutschen aufgrund der angedeuteten Schwierigkeiten als Photographen weitgehend aus.

Das Buch ist in enger Zusammenarbeit der beiden Autoren entstanden. Kurt von Daak beschaffte die Photos und schrieb das Kapitel über die Kulturpolitik der Franzosen in ihrer Zone. Jochen Thies entwickelte die Konzeption des Bandes und verfaßte den übrigen Text, der, wie die Photos, ohne die Hilfe zahlreicher Personen und Institutionen, so nicht zustande gekommen wäre.

◁ 2 *Aufforderung zum Abliefern von Waffen, Munition, Ferngläsern und Fotoapparaten.*

Wir haben besonders zu danken: Hellmuth Auerbach, Ingrid Baas und Hermann Weiß vom Institut für Zeitgeschichte, sowie Dr. Klaus-Dietmar Henke von der Hochschule der Bundeswehr, alle in München. Hellmuth Auerbach und Dr. Henke, die beide Studien über die Französische Zone vorbereiten bzw. abgeschlossen haben, stellten uns ihr umfangreiches Material ohne Auflagen zur Verfügung. Wertvolle Ratschläge und Hilfen erteilte Dr. Hans Georg Zier, Leitender Direktor des Generallandesarchivs Karlsruhe. Der Südwestfunk Baden-Baden stellte uns seine Archivmaterialien zur Verfügung, wofür wir dem Leiter des Fachbereichs Dokumentation und Archive, Wolfgang Hempel, und seinen Mitarbeitern Hanswolfgang Bergs und Eva Maria Vogel zu großem Dank verpflichtet sind. Das Saarland hätte photographisch nicht dokumentiert werden können ohne die Anregungen und Photosammlungen, die Studiendirektor Dr. Paul Pitzer, Wallerfangen und Sissi Pitzer, München, besorgten. Manchen Hintergrundbericht über die Jahre 1945/48 lieferte Dr. Marianne Weickert, Baden-Baden. Photos beschaffte ferner Professor Peter Lammert, Trier/Koblenz.

Namentlich erwähnt seien ferner: das Stadtarchiv Offenburg und sein Archivar Michael Friedmann; das Stadtarchiv Reutlingen mit seiner hervorragenden Sammlung, die Anni Bürkle und Hans Kugel bereit hielten; der «Südkurier» Konstanz und Herr Laubach, sowie das Landeshauptarchiv Koblenz und sein Leiter, Dr. Franz Josef Heyen. Ferner stellten Material zur Verfügung: die BASF AG Ludwigshafen, der Herder-Verlag Freiburg i. Br., die Diakonischen Werke der Evangelischen Kirche in Stuttgart und der Pfälzischen Landeskirche in Speyer, das Bundesarchiv Koblenz, das Landesarchiv Speyer sowie die Stadtarchive Idar-Oberstein, Landau in der Pfalz, Ludwigshafen, Wangen im Allgäu, Worms und Zweibrücken. Schließlich erhielt der Band seine Abrundung durch erstmals in der Bundesrepublik veröffentlichte Photos, die das französische Verteidigungsministerium freundli-

cherweise durch sein Établissement Cinématographique et Photographique des Armées in Fort d'Ivry freigab.
Kritische Leser vor der Drucklegung des Bandes waren Dorothee Bayer, M. A. und Dr. Michael Röhrig, beide München. Die Schlußredaktion hatte in bewährter Weise Brigitte Thies-Böttcher.

München, im Juni 1979

Jochen Thies
Kurt von Daak

1. Tacitus contra Richelieu – oder Anmerkungen zu den deutsch-französischen Beziehungen

«Er ist charmant, galant, verbindlich, taktvoll, gastfreundlich, liebt das Leben, versteht die Liebe; ist sehr nationalbewußt, patriotisch; ist ein Feinschmecker, schätzt gute Bücher, Wein und schöne Frauen; ist temperamentvoll und impulsiv, elegant und hat guten Geschmack; ist intelligent, anpassungsfähig, gebildet und kunstliebend, aber auch leichtlebig, liebestoll, zu nationalistisch, etwas faul und zu bequem zum Arbeiten; Vergnügen steht bei ihm an erster Stelle; er ist genußsüchtig, redet zu laut und zu schnell; ist leicht erregbar, jähzornig, eitel, arrogant, machtgierig und größenwahnsinnig.» (EMNID-Umfrage)

Von wem ist hier die Rede? Natürlich von «dem Franzosen», so wie man ihn sich in der Bundesrepublik Deutschland Umfrageergebnissen zufolge in den fünfziger und zu Beginn der sechziger Jahre vorstellte. Und wie dachten die Franzosen damals über ein Volk, das sie jetzt als besten Freund ansehen? Die Deutschen seien arbeitsam und strebsam, diszipliniert, energisch, hätten Ordnungssinn und Organisationstalent, glaubte man in Frankreich. Dazu paßte es, daß man sie sich auch als grausam, zu dominierend, zu militaristisch und machtlüstern vorstellte. Schließlich fehle dem Nachbarn auf der anderen Rheinseite auch die geistige Finesse und die moralische Integrität, meinten sie.

Es kam der deutsch-französische Freundschaftsvertrag von 1963, geschlossen zwischen Bundeskanzler Adenauer und Staatspräsident de Gaulle. Nicht nur der Vertrag war ihr Werk, beide haben auch die jeweiligen Anfänge ihrer Länder nach Beendigung des Zweiten Weltkrieges durch einen persönlichen Regierungsstil entscheidend geprägt. Adenauer und de Gaulle sind mittlerweile tot. Hat sich in der Zwischenzeit etwas an den Vorurteilen und jeweiligen Sehweisen des Nachbarlandes geändert?

«Gutes Essen» fällt jetzt den Deutschen ein, wenn man sie nach Frankreich befragt – Hinweis für die Reiselust, die das westliche Nachbarland zu einem ihrer beliebtesten Ziele hat werden lassen. Weitere Stichworte sind «Mode» und «Nachtleben», in jedem Fall aber mehr Lebensart, die man dem Partnerland bereitwillig attestiert. – Da sind sie wieder, die alten Klischees vom Ersten und vom Zweiten Weltkrieg oder aus noch früheren Zeiten. Es wäre einmal eine eigene Untersuchung wert, herauszufinden, wie sehr zu diesem Bild die Geschichten beigetragen haben, die deutsche Soldaten zu Hause verbreitet haben. Mit Sicherheit hat das Bild von «der Französin» hier Grundzüge seiner Entstehungsgeschichte erfahren. Aber auch bei der Gegenbefragung schimmern zähe Vorurteile durch. Man hält französischerseits den Deutschen in der Regel für sehr diszipliniert, selten jedoch für intelligent.

Dennoch sind die Franzosen in erstaunlichem Ausmaß dazu bereit, in der Bundesrepublik Deutschland das Land zu sehen, mit dem sie am besten befreundet sind. 33 Prozent sind dieser Ansicht und nur drei von hundert Franzosen betrachten den alten Gegner als die weiterhin größte Gefahr für das eigene Land. Ein französisches Meinungsforschungsinstitut, das diese Werte Anfang 1979 im Auftrag des Nachrichtenmagazins «Express» – vergleichbar mit dem SPIEGEL – ermittelte, stellte zugleich fest, daß ältere Leute, Frauen und Kommunisten die Deutschen weniger positiv als der Durchschnitt der Franzosen beurteilen.

Trotz allem, es scheint Skepsis gegenüber solchen Ergebnissen angebracht. Verhaltensweisen von Völkern, also auch das Verhältnis der Nationen zueinander, ändern sich nur langfristig. Dazu hat sich erst kürzlich ein französischer Minister und äußerst geistreicher Schriftsteller in einem Buch bekannt, das in Frankreich heftig diskutiert wurde; sein Titel: «Le Mal Français», sein Verfasser: Alain Peyrefitte. Es ist bezeichnend, daß bei der erwähnten neuesten Umfrage nur zwölf Prozent der Franzosen die Ansicht vertreten haben, der Aufbau Europas sei die wichtigste Aufgabe für die nächsten Generationen. Wir haben uns also wohl damit abzufinden, daß das tägliche «Europaerlebnis» – wir schreiben das Jahr der ersten Wahlen zu einem Europäischen Parlament – von «Grenzausgleich», «Abschöpfprämien» und all dem anderen Eurokauderwelsch bestimmt werden.

Es kommt hinzu, daß das Dritte Reich viel länger, als man bei uns annimmt, seinen Schatten auf die Beziehungen zu Frankreich und anderen, von Deutschland im Zweiten Weltkrieg besetzten Ländern, werfen wird. Die Selbstmorde in Stuttgart-Stammheim waren ein Beispiel dafür, wie jäh die Stimmung im Ausland umschlagen kann, wenn sich bei uns vermeintliche Parallelen zu vorausgegangenen Abschnitten der deutschen Geschichte abspielen. Linke französische Intellektuelle – eine sehr breite und einflußreiche Schicht, für die der Schriftsteller und Philosoph Jean-Paul Sartre stellvertretend genannt sei – zeigen immer wieder Verständnis für den politischen Radikalismus in der Bundesrepublik. Die bekannte Pariser Tageszeitung «Le Monde» hat wiederholt ein übriges dazu getan, Verwirrung und Kopfschütteln in Bonn zu stiften, weil sie Vorgänge bei uns ziemlich einseitig und aus dem Zusammenhang gerissen kommentierte.

Über die Französische Besatzungszone in den ersten Jahren nach dem Ende des Zweiten Weltkrieges zu schreiben, heißt, über ein Stück deutsch-französischer Beziehungen auf dem absoluten Tiefpunkt zu berichten. Sie waren nicht immer so schlecht, im Gegenteil, über viele Jahrhunderte hinweg so gut und in gewisser Weise so eng wie heute, wenn man diesen Vergleich riskieren darf.

Beide Länder sind als Nachfolgestaaten des Römischen Reiches bzw. des Karolingerreiches entstanden. Ein Zufallsdatum besiegelte ihre endgültige Trennung: der Vertrag von Verdun im Jahre 843. Ihm waren ein Jahr zuvor die sogenannten «Straßburger Eide» zwischen Ludwig dem Deutschen und Karl dem Kahlen vorangegangen. Sie stellen zugleich die ältesten überlieferten Sprachdenkmäler der althochdeutschen und der altfranzösischen Sprache dar. Und noch eins geschah zu dieser Zeit: die Grenzen, die die Könige Frankreichs und Deutschlands damals zogen – Westfrankenreich und Ostfrankenreich lauten die korrekten Begriffe – erwiesen sich als äußerst zählebig. Noch immer verläuft hier mehr oder weniger genau die Trennlinie zwischen der deutschen und der französischen Sprache.

Frankreich steuerte danach unter machtpolitisch zunächst schwachen Königen rasch einen Nationalstaat an. Die viel stärkeren deutschen Kaiser und Könige verpaßten diese Gelegenheit bei ihren Auseinandersetzungen mit den Päpsten. Während ihrer Italienzüge wurde die deutsche territoriale Zersplitterung für Jahrhunderte besiegelt. Verständlich, daß der französische König nicht länger gewillt war, als Lehnsmann des deutschen Kaisers zu agieren, zumal letzterem auch bald die Macht fehlte, sich gegen den selbstbewußt gewordenen Nachbarn durchzusetzen. In Frankreich herrschte damals übrigens die Vorstellung von deutschen Stämmen, wie den Franken, Bayern und Sachsen, im Gegensatz zur eigenen Nation, die sich allmählich formierte.

Es folgten Jahrhunderte eines mehr oder weniger intensiven Nebeneinanders, ohne daß die beiden Völker besondere Neigungen oder Haßgefühle füreinander verspürten. Gern sind in den Zeiten einer durch nationale Parolen vernebelten Rückschau die Feldzüge in der Ära des Kardinals Richelieu, etwa die Verwüstungen in der Pfalz, kulminierend im Brand des Heidelberger Schlosses, als Beginn der «Erbfeindschaft» zu Frankreich gesehen worden. Wen verwundert es, wenn französische Publizisten, die Politiker im Schlepptau, sich auch nicht gerade als zimperlich erwiesen und ihr Bild vom Deutschen und seinem Land aus den Berichten des römischen Chronisten Tacitus über die Germanen bezogen, verfaßt im ersten Jahrhundert nach Christi Geburt? Für die Zeit Richelieus und noch lange danach gilt, daß Kriegsbündnisse munter wechselten. Mal arbeiteten die Könige Frankreichs mit den deutschen Kleinstaaten zusammen, mal gegen sie. Noch kämpften Fürsten und Herrscherhäuser gegeneinander, nicht Nationalstaaten. Das sollte sich bald ändern. Ein Land hat in dieser Zeit ganz besonders von Bündniswechseln profitiert; es war Preußen, der Staat, von dem später die deutsche Einigung herbeigeführt werden sollte.

Wenn Deutschland bis gegen Ende des 18. Jahrhunderts einen schlechten Ruf bei den Franzosen hatte, dann wegen seiner kulturellen Rückständigkeit. Zu groß war das Überlegenheitsgefühl der Franzosen, versinnbildlicht im Hof von Versailles, Dichtern der französischen Klassik wie Racine und Molière und der im Vergleich zu Deutschland viel weiter entwickelten politischen und gesellschaftlichen Kultur. Neue Akzente in der Einschätzung ergaben sich durch die Verbreitung der Ideen Rousseaus, der den Weg zurück zur Natur und zum glückhaften Urzustand des Menschen propagierte – Werte, die Frankreich beim Nachbarn in Hülle und Fülle vermutete. Es war die Zeit, in der das wohl bedeutendste Buch über Deutschland in Frankreich erschien, mit genau diesem Titel, verfaßt von einer Schweizerin, die ihre Eindrücke von einer Deutschlandreise in den Jahren 1803/04 zusammenfaßte, ihr Name: Madame de Staël. Die erste Auflage von «De l'Allemagne» wurde 1810 auf Anordnung Napoleons I. vernichtet. Seine Herrschaft hinterließ in Deutschland wichtige Anstöße und tiefe Wunden zugleich. Die Französische Revolution von 1789 war den Deutschen schon unheimlich vorgekommen, vor allem den Duodezfürsten, das Verhältnis der beiden Länder zueinander zerrüttete jedoch endgültig erst der Krieg von 1870/71. Das Deutsche Kaiserreich, kurioserweise im Spiegelsaal von Versailles ausgerufen, nicht etwa im Berliner Schloß, lebte fortan ganz bewußt mit Belastung. Selbst ein so ruhiger, gemäßigter Mann wie der Generalfeldmarschall von Moltke, neben Bismarck der Held der drei Einigungskriege, sprach vom schicksalshaften Kampf der Germanen gegen die Romanen, der immer wieder ausbrechen werde. Präventivkriege forderte er daher. Die junge Nation dachte nicht anders. Im August 1914, als sie jubelnd in die Eisenbahnwaggons stieg, war ihr Selbstbewußtsein so gestiegen, daß sie daran glaubte, in sechs Wochen von Paris zurück zu sein. Es wurden über vier Jahre, und aus einer Eisenbahnfahrt wurde ein Stellungskrieg.
Schon 1866, nach dem Sieg Preußens über Österreich bei Königgrätz ging in Frankreich das Sprichwort vom deutschen Schulmeister um, der die Schlacht gewonnen habe. Gemeint waren das deutsche Bildungssystem und das gesteigerte Tempo bei der Industrialisierung, die die Proportionen im deutsch-französischen Verhältnis jetzt umkehrten. Noch um 1850 verzeichneten beide Länder die gleiche Bevölkerungszahl: 35 Millionen. 1900 hatte Deutschland jedoch bereits 17 Millionen mehr Einwohner als Frankreich und war auch im Begriff, die damalige europäische, ja Weltvormacht, Großbritannien, zu überrunden.
Eine bornierte Behandlung der Elsässer und Lothringer hat von Anfang an jede Chance vertan, die gegen ihren Willen Annektierten zu Deutschen zu machen. Darüber hinaus stießen hier zwei Definitionen des Begriffes «Nation» zusammen. Die französische lautet seit 1789, Franzose ist, wer sich zu dem Land bekennt, während in Deutschland die Ansicht vertreten wurde, Staatsbürger sei derjenige, der die Sprache benutze. Trotz eines vorübergehenden Zusammenspiels in kolonialen Fragen waren die Franzosen nicht bereit, den Verlust ihrer Ostprovinzen hinzunehmen. – Gradmesser der Gefühle und der herrschenden Stimmung in einem Land sind u. a. Presse und Literatur. Hier läßt sich in der Tat die tiefgreifende Verfeindung der beiden Länder nachvollziehen. Dutzende von Erzählungen entstanden nach 1871 in Frankreich, in denen Zorn und Vorurteil gegenüber den Deutschen ihren Ausdruck fanden. Nur die beiden größten Schriftsteller jener Zeit ritten auf dieser Welle nicht mit: Guy de Maupassant und Emile Zola. Man lese einmal nach, wie etwa Maupassant in der berühmten Erzählung «Boule de Suif» (Fettkügelchen) die französische Gesellschaft jener Jahre charakterisiert hat.

Der Erste Weltkrieg sah Frankreich auf der Seite der Sieger. Wie in Deutschland hatten auch hier die Intellektuellen seit 1914 gegen den Gegner gehetzt. Mit wenigen Ausnahmen, etwa dem Dichter Romain Rolland, der einen Romanzyklus dem Nachbarland widmete, war das französische Deutschlandbild nahezu einhellig negativ. Hohe Kriegsverluste hatten das Land zudem ähnlich wie den unterlegenen Gegner Deutschland geschwächt. Der vierjährige Stellungskrieg war weitgehend auf französischem Boden vonstatten gegangen. Zurück blieb ein Landstrich, in dem sich die Spuren der Vernichtungsschlachten tief eingegraben haben. Noch heute kann dies in Verdun und an den anderen Schlachtorten besichtigt werden – neben dem fragwürdigen Heldenkult, für den Frankreich einen Tag im Jahr ganz reserviert hat: den 11. November. Der jetzige französische Staatspräsident Giscard d'Estaing hat den Versuch

aufgegeben, die Paraden an diesem Tag weniger martialisch zu gestalten.
‹Nie wieder Krieg mit Deutschland› hieß die Parole in Frankreich nach 1918. Sie fand nicht nur versteinerten Ausdruck in der Maginot-Linie, mit der man sich den Gegner vom Leibe halten wollte, sondern erschien nochmals beim sogenannten «Sitzkrieg» («drôle de guerre») im Jahre 1939/40 auf den Transparenten, die französische Soldaten am Rhein hochhielten. Es waren Sicherheitsinteressen, die die französische Außenpolitik bestimmten, am deutlichsten sichtbar in den Bestimmungen von Versailles. Als sich die durch innenpolitische Krisen zusätzlich geschwächte Weimarer Republik nicht in der Lage sah, ihre Reparationen an Frankreich pünktlich zu bezahlen, besetzten französische Truppen das Ruhrgebiet im Januar 1923 und nahmen Faustpfänder auf dem rechten Rheinufer. Was sich damals hier abspielte, ist wenig bekannt. So heißt es etwa in dem Bericht des «Offenburger Tageblattes» am 5. Februar 1923: «In der Nacht vom Samstag zum Sonntag haben starke französische Truppen aller Waffengattungen das besetzte Gebiet des Brückenkopfes Kehl überschritten und in der Zeit von 7–9 Uhr vormittags am gestrigen Sonntag wurden Offenburg, Appenweier, Windschläg und Ortenberg besetzt. Auf dem Rathaus dieser Gemeinden versammelten die französischen Befehlshaber sämtliche Behörden und erklärten, daß die Operation als Strafmaßnahme für die durch die Reichsbahnverwaltung verfügte Stillegung der internationalen Züge Paris-Prag und Paris-Warschau anzusehen sei. Von heute Montag 7 Uhr abends an wird der Personen- und Güterverkehr zwischen Appenweier und Offenburg vollständig eingestellt. Durchgelassen werden nur noch die internationalen Holland-Schweiz-Züge. Die badische Regierung hat dem französischen Kommandanten in Offenburg durch den Vorstand des Bezirksamtes einen entschiedenen Protest gegen diesen neuerlichen schweren Rechtsbruch erklären lassen, der im Widerspruch mit dem Völkerrecht steht und in keiner Weise in dem Friedensvertrag von Versailles eine Rechtsgrundlage findet.» Soweit das Offenburger Blatt.
Ein pensionierter Beamter, der damals als junger Mann in Offenburg lebte, kann sich an die Ereignisse gut erinnern. Glücklicherweise fielen die Kontrollmaßnahmen der Franzosen, so berichtet er, nicht zu genau aus. Die Schwierigkeiten waren allerdings beträchtlich und nahmen bisweilen groteske Formen an. Deutsche aus dem Reich durften nicht nach Offenburg reisen. Als die Mutter des Mannes aus Berlin kommen wollte, um den soeben geborenen Stammhalter zu besichtigen, endete die Fahrt zunächst in Wolfach. Dort mußte sie sich einen badischen Paß besorgen. Schon die Fahrt dahin war abenteuerlich gewesen, weil die alte Dame die Rheintallinie von Karlsruhe nach Offenburg ja nicht benutzen konnte. Die Familie holte sie nun also aus Ortenberg im Kinzigtal ab und brachte sie unter dramatischen Umständen durch die französischen Postenketten nach Offenburg.
Der junge Ernest Hemingway war zu dieser Zeit als Reporter für eine kanadische Tageszeitung in Europa unterwegs. Am 25. April 1923 schrieb er im «Toronto Daily Star»: «Seit fast zwei Monaten ist kein einziger Zug durch Offenburg gefahren. Ich stand auf der Brücke über den Signalanlagen und schaute auf die vier breitspurigen Schienenstränge, die sich in der einen Richtung bis in die Schweiz, und in der anderen bis nach Holland erstreckten. Sie waren rot vom Rost.»
In den durch französische Truppen besetzten Gebieten des deutschen Südwestens und des Saargebietes blieb die Erinnerung an diese Zeit wach: an die etwa 140 Todesopfer, 180000 Ausweisungen und an lahmgelegte Produktionsanlagen. Nicht vergessen waren auch die nordafrikanischen Truppen, die in der Wahlpropaganda der deutschen Rechten später eine beachtliche Rolle spielten. Wahlkampfplakate aus dieser Zeit sind der beste Beweis. Viele Menschen dürften daran gedacht haben, als die Franzosen 22 Jahre danach erneut den Rhein überquerten und im Sommer 1945 ihre Besatzungszone etablierten. Die Annäherung zwischen Frankreich und Deutschland, vorangetrieben durch die Außenminister Stresemann und Briand, kam zu spät, um an den stereotypen Feindbildern noch Entscheidendes abbauen zu können. Der zwischen beiden Ländern zögernd aufgenommene Dialog wurde gestoppt. Für ihn stehen auch die beiden Zeitschriften «Revue d'Allemagne» und die «Cahiers Franco-Allemands» (dtsch.-frz. Hefte), die in den Jahren 1927 bzw. 1929 begründet wurden.
Seit 1933 herrschte in Deutschland ein Diktator, der neben Belgien Frankreich als einziges fremdes Land in seinem Leben gesehen hatte, jedoch nur als Soldat. Hitler war vom Beginn bis zum Ende des

Ersten Weltkrieges an der Westfront gewesen. Seine Erinnerungen an die Zeit, festgehalten in «Mein Kampf», waren jedoch ganz andere als sie etwa der Roman «Im Westen nichts Neues» von Remarque enthält. Schon 1920 stand für Hitler der dauerhafte Gegensatz zu Frankreich fest, verbunden mit einer angestrebten gewaltsamen Revision des Friedensvertrages von Versailles. 20 Jahre später, am 10. Mai 1940, nachdem der Angriff in den Wintermonaten nicht weniger als 29 Mal verschoben worden war, gab es die Neuauflage des Westfeldzuges von 1914. Das von Hitler mitkonzipierte Überraschungsmoment mittels eines Panzerdurchbruchs durch die für unpassierbar gehaltenen Ardennen gelang vollkommen. Wenige Wochen später wurde die französische Kapitulation am 22. Juni 1940 in einem Eisenbahnwagen in Compiègne entgegengenommen, der am 11. November 1918 für einen ähnlichen Zweck bereits gedient hatte.

Vor einiger Zeit verschwand in Frankreich ein Sarg von einem Friedhof auf der kleinen Atlantikinsel Yeu. Die Behörden machten sich darauf gefaßt, daß er über Nacht auf dem Heldenfriedhof von Fort Douaumont bei Verdun wieder auftauchen könnte, dort, wo ein Teil der Nation Marschall Pétain seit seinem Tod am liebsten bestattet sehen würde. Der Streit um diesen Mann, den Frankreich nach dem Ersten Weltkrieg als Helden feierte und 1945 als Verräter verdammte, weil er mit den Deutschen kollaboriert hatte, ist im Nachbarland Frankreich bis heute nicht beigelegt. Gleichzeitig hat die französische Öffentlichkeit bisher die Frage verdrängt, wie das Verhältnis des Landes zu Hitlerdeutschland in den vier Jahren zwischen Juni 1940 und August 1944 war, als de Gaulle als Befreier in Paris einzog. Zwei grundlegende Bücher zu dem Thema sind bezeichnenderweise in der Bundesrepublik Deutschland erschienen und später ins Französische übersetzt worden. (E. Jäckel, Frankreich in Hitlers Europa, 1966; L. Kettenacker, Nationalsozialistische Volkstumspolitik im Elsaß, 1973)

Die Mehrheit der Franzosen, daran kann kein Zweifel bestehen, hat den Appellen des Generals de Gaulle aus London zum Widerstand gegen das Dritte Reich zunächst kein Gehör geschenkt. Die Résistance gewann erst an Bedeutung, als sich der Verlauf des Krieges eindeutig zugunsten der Westalliierten wandte, also etwa ab 1943. Anfänglich scheinen nur 2 Prozent der französischen Bevölkerung Anhänger de Gaulles gewesen zu sein. Dagegen war der Andrang zu den Freiwilligenverbänden, die an der Seite der deutschen Wehrmacht im Osten kämpfen wollten, vergleichsweise groß.

Auch die Einstellung meinungsbildender Kreise gegenüber Hitlerdeutschland war gespalten. Kompromißloser Gegner des NS-Regimes, das seine Fangarme fast über ganz Europa ausbreitete, war nur die Linke. Spuren finden sich noch jetzt in der Beurteilung der Bundesrepublik und der DDR durch die Kommunistische Partei Frankreichs, die den guten Deutschen in Ostberlin ortet. Viele französische Literaten, die sich zur Résistance bekannten, besaßen die Charakterstärke, ungeachtet der Kriegsereignisse nicht zu Fanatikern zu werden. Der Hitler-Terror wurde von ihnen als ein allgemein menschliches Problem gesehen. Sie befürchteten, im Haß auf den Gegner auf ein ihm ähnliches Niveau abzusinken. Insgesamt waren ihre Überlegungen weitaus besonnener als vergleichsweise im Ersten Weltkrieg, vielleicht auch ein früher Hinweis für die rasche Annäherung und Versöhnung der beiden Länder nach 1945. Die französische Rechte besaß zwar ideologische Verbindungen zum Nationalsozialismus, war aber im Grunde genommen antideutsch eingestellt. Uneinheitlich verhielten sich nationalistisch-konservative Kreise sowie der organisierte Katholizismus.

Für de Gaulle und das patriotische Frankreich war der Zweite Weltkrieg nicht mit der Rückeroberung der Hauptstadt Paris beendet. Im Spätsommer 1944 hielten deutsche Truppen noch weite Teile des Landes besetzt, nahmen die Repressalien gegen die französische Zivilbevölkerung zu. Eine Million französische Kriegsgefangene hielten sich noch zwangsweise in Deutschland auf, außerdem 600000 Arbeiter und 150000 Zivilinternierte. – Unmittelbar vor der Befreiung von Paris wurde der Chef der Vichy-Regierung, Pétain, auf Anordnung Hitlers nach Belfort gebracht, dem neuen Sitz der provisorischen Regierung. Wenige Wochen später war ein weiterer Umzug nach Sigmaringen erforderlich. Dort, zwischen dem Bodensee und der Schwäbischen Alb, endete dieses traumatische französische Kapitel vorläufig.

General de Gaulle wurde übrigens erst Ende Oktober 1944 von den Westalliierten als Chef einer rechtmäßigen französischen Regierung anerkannt, da in Washington lange Zeit Zweifel herrschten, ob er wirklich eine Mehrheit der Franzosen politisch repräsentiere. Um französische Empfindlichkeiten noch zu steigern, wurde das Land als vierte Besatzungsmacht erst am 12. Februar 1945 akzeptiert. Bei der Konferenz von Jalta war Frankreich nicht vertreten. Seine Zone in Deutschland, militärisch weitgehend im Schlepptau der Amerikaner erobert, stand in ihren Grenzen endgültig erst im Juni 1945 fest, also Wochen nach der deutschen Kapitulation.

Damit dürfte die schwierige Aufgabe umrissen sein, die Frankreich in Deutschland im Juni 1945 für vier Jahre übernahm. Nach dreimaliger deutscher Besatzungszeit innerhalb eines äußerst kurzen Zeitraums befand es sich nun in der Position des bisherigen Gegners. Dennoch gab es zu Hause Kritik an dieser Rolle. Die Niederlage von 1940 gegen Hitlerdeutschland, das wurde jetzt sichtbar, war durch den nahezu ungebremsten französischen Vormarsch auf dem Territorium des geschlagenen Gegners nicht kompensiert. Die alten Fronten in der französischen Innenpolitik bestanden weiter. Welten trennten Vichy-Anhänger von der Résistance, Konservative, die in der Armee stark vertreten waren, vom Untergrund, Kapitalisten von den Anhängern eines neuen Wirtschaftssystems, für das sie jetzt mehr denn je Chancen sahen. Festzuhalten bleibt, daß sich diese Gruppierungen bei der gemeinsamen Verwaltung der Besatzungszone in Deutschland näher kamen.

Nicht ohne Absicht ist in dieser Skizze häufig die Rede von der französischen Literatur gewesen, in der die Deutschen und ihr Land behandelt wurden. Bücher haben im öffentlichen Leben Frankreichs noch immer eine weitaus größere Bedeutung als bei uns. Daher greifen Politiker bis hin zum gegenwärtigen Staatspräsidenten gern zur Feder. Auf der deutschen Seite vermißt man diesen Dialog mit dem Nachbarland in der Literatur weitgehend. Einer der gegenwärtig besten Kenner beider Kulturen, der Schweizer François Bondy, gibt eine interessante Begründung für dieses Manko. Dem Deutschen, so folgert er, kommt der Franzose als reif, in sich geschlossen, von Wechselfällen kaum umformbar vor. Dagegen sieht der Franzose Bondy zufolge den Deutschen als «offen» an, unbestimmt, ohne Eigenschaften, vom Leben veränderbar.

Ende 1977, als der SPIEGEL im Nachbarland über die Einstellung zu Deutschland forschen ließ, tauchten diese Vorbehalte in spontanen Reaktionen auf. Auf die Frage «Was ist Ihr erster Gedanke, wenn Sie das Wort ‹Deutschland› hören?», gab es Antworten wie: «Krieg, Widerstand, das Knallen der Stiefel; Baader, Bier, Sauerkraut; schlechte und kalte Menschen; ein diszipliniertes Volk, aber grob. Ich bewundere sie wegen ihrer Disziplin, ihres Mutes, ihrer Intelligenz. Aber ich möchte dort nicht leben». – Es sollte jedoch nicht verschwiegen werden, daß es bei der Umfrage ebenso positive Antworten gab, die der Realität der Beziehungen zwischen Deutschland und Frankreich gerechter werden.

Immerhin sind beide Länder wichtigste Handelspartner füreinander. 1976 betrug der deutsche Export 34 Milliarden DM, die französische Ausfuhr nach Deutschland 26 Milliarden DM. Zehntausende von Jugendlichen beider Staaten profitierten mittlerweile von den Austauschprogrammen, die das deutsch-französische Jugendwerk organisiert. Über 700 Städtepartnerschaften wurden in den zurückliegenden zwei Jahrzehnten abgeschlossen, deren Auswirkungen gar nicht hoch genug veranschlagt werden können. Mit 57 Millionen Übernachtungen besetzten die Deutschen 1977 auch erstmals den Spitzenplatz in der französischen Gästebilanz.

Selbst auf einem so sensiblen Gebiet wie den schönen Künsten gibt es in letzter Zeit bemerkenswerte Veränderungen zu beobachten. Großen Anteil an dieser Entwicklung hatte die Ausstellung «Berlin Paris» im neuen Kulturzentrum der französischen Hauptstadt, dem «Centre Pompidou». Mit Erstaunen registrierte die Pariser Öffentlichkeit die Existenz eines breit gefächerten deutschen Kulturlebens in den zwanziger Jahren, das infolge des Dritten Reiches für sie nicht gegeben war – übrigens auch in der Bundesrepublik nach wie vor großen Bevölkerungskreisen verschlossen ist. – Es ist schon ein paar Jahre her, daß ein französischer Film mit beträchtlichem Erfolg in den Kinos beider Länder lief. Er hieß «Lacômbe Lucien», Regisseur war Louis Malle. In ihm wird der Fall eines Bauernjungen im französischen Südwesten behandelt, der während der deutschen Besatzung im Zweiten Weltkrieg der Gestapo dient. Der Junge hätte ebenso gut in der Résistance landen können, aber der Zufall wollte es anders. Es ist ein bemerkenswerter Film, der nicht nur der Komplexität der damaligen Verhältnisse gerecht wird, sondern allgemein über das Leben in Diktaturen zu denken gibt.

Festzuhalten bleibt, daß die deutsch-französische Verständigung trotz gelegentlicher Untiefen klappt. Unendlich mehr Möglichkeiten als früher tragen dazu bei, daß Mißverständnisse rasch aufgeklärt werden können. Nicht weniger als 80 deutsche Korrespondenten in Paris haben daran Anteil. (Selbst den Franzosen ist klar, daß sie ein paar mehr Leute in Bonn haben könnten; gegenwärtig sind es 8.)

Wie weit der Weg zum besseren Verständnis aber noch ist, bewies Anfang 1979 ein Gespräch von Bundeskanzler Helmut Schmidt mit französischen Fragestellern im Fernsehen. Noch immer, so zeigte sich, fangen die Probleme bei der Sprache an. Auch dazu einige Zahlen: jeder dreizehnte Franzose kann deutsch sprechen, während jeder fünfzehnte Deutsche die Sprache des Nachbarlandes beherrscht. Erstaunlicherweise hat jeder vierte Franzose deutsche Verwandte, Freunde oder Kollegen, in der Bundesrepublik umgekehrt nur jeder achte. Keineswegs dürfen die Touristenzahlen überschätzt werden. Während 74 Prozent aller Franzosen noch nie in Deutschland waren, sind mit 69 Prozent auch aus der Bundesrepublik bisher zu viel Menschen nicht dazu gekommen, durch persönliche Anschauung Vor- und Fehlurteile über den Nachbarn zu korrigieren.

POLIZEIPRÄSIDIUM

2. Der Einmarsch

«Bei allen (Soldaten) entfacht der bevorstehende Einmarsch nach Deutschland ein Begeisterungsfieber. Sie sind es auch, die als erste begreifen, daß nun ein Wunschtraum Wirklichkeit wird, an den man sich mit Wut im Bauch über Jahre hinweg geklammert hat», so der Bericht des Oberkommandierenden der 1. Französischen Armee, General Jean de Lattre de Tassigny, der die entscheidenden Stunden Ende März 1945 minutiös festgehalten hat. «Am 19. März um 15.00 Uhr», heißt es in der von ihm verfaßten Geschichte der 1. Armee «Rhin et Danube»((Rhein und Donau) weiter, «überquert eine Gruppe des 3. algerischen Schützenregiments das Flüßchen Lauter nördlich von Salmbach. Sie wird jedoch durch das Feuer zum Rückzug gezwungen, das ihr von jenseits der Lichtungen des Bienwaldes entgegenschlägt. Um 16.15 Uhr beginnt die gesamte Artillerie der 3. algerischen Infanteriedivision mit der Beschießung des Dörfchens Scheibenhardt, dem deutschen spiegelgleichen Pendant zur französischen Ortschaft Scheibenhard, in die das 2. Bataillon des 4. tunesischen Schützenregiments eingesickert ist. Zwischen beiden Orten markiert die Lauter, zwölf Meter breit und zwei bis drei Meter tief, die Grenze.

Um 16.30 Uhr befiehlt Kommandant Chotin ‹Vorwärts›. Während schwere Maschinengewehre und Panzerabwehrkanonen die Häuser auf dem Nordufer unter Feuer nehmen, sucht die 6. Kompanie nach einer Furt. Eine erste Gruppe scheitert bei dem Unternehmen, eine zweite kommt durch, das Wasser bis zur Brust bei der Durchquerung der Lauter. Unmittelbar hinter ihr errichten Bataillonspioniere einen Notsteg. Dann beginnt der Nahkampf zwischen den Tunesiern und der SS.

◁ 3 *Soldaten der 87. US-Division besetzen Koblenz (18. März 1945).*

In Deutschland kämpfen... Der feindliche Boden elektrisiert unsere Leute. Mit Hilfe der Handgranate oder der Bazooka werden die bereits ausgeplünderten Häuser besetzt, einige brennen. Im Schein der Brände gehen die Kämpfe bis zum Einbruch der Dunkelheit gegen 20.30 Uhr weiter. Dann ist Scheibenhardt in unserer Hand. Der 19. März: ein bedeutendes Datum für französische Herzen», so das Fazit de Lattre de Tassignys vom ersten Kampftag in Deutschland.

Der aufmerksame Leser wird sich bereits gewundert haben: algerische Schützen und Infanterie, tunesische Schützen – ist das die französische Armee im Frühjahr 1945? Zugegeben, sie war damals bei einer Stärke von etwa 500000 Mann ein ziemlich bunter Haufen, nicht nur in bezug auf die Herkunft ihrer Soldaten, sondern auch wegen ihrer Ausrüstung. Einen erheblichen personellen Zuwachs hatte sie zudem in den vorangegangenen Monaten verkraften müssen, als Verbände der Résistance, die sogenannten «Forces Françaises de l'Intérieur» (FFI) zu ihr gestoßen waren. Der erhebliche Anteil an Kolonialtruppen war u. a. auf die spezielle französische Kriegssituation zurückzuführen. Truppen aus den Kolonien hatten allerdings auch die Briten in ihren Reihen, wie überhaupt kennzeichnend für die Besetzung Deutschlands 1945 ist, daß in den Armeen der Westalliierten starke Kontingente aus anderen Ländern vertreten waren, vor allem aus den Staaten, die das Dritte Reich in den ersten Kriegsjahren besetzt hatte.

Nach der Schlappe bei Dünkirchen und dem Waffenstillstand Pétains mit dem Dritten Reich führte General de Gaulle den Krieg mehrere Jahre lang von den französischen Kolonien in West- und Äquatorialafrika aus weiter. Den Kern seiner Verbände stellten Soldaten, die seinem Appell vom 18. Juni 1940, vor Deutschland nicht zu kapitulieren, gefolgt waren. Im November 1942 kam es zu einem Abkommen mit dem Vichy-Repräsentanten in Nordafrika, Admiral Darlan, das schließlich zur Angliederung der gesamten französischen Nord-

4 *Einmarsch der Franzosen in Kehl. Die Stadt wurde erst 1952 vollständig an die Bundesrepublik zurückgegeben.*

afrikaarmee an de Gaulles Kontingente im Juni 1943 führte. Wenige Wochen zuvor hatten deutsche und italienische Verbände im Brückenkopf von Tunis kapituliert. Der nordafrikanische Kriegsschauplatz existierte fortan nicht mehr. Die französische Armee wurde in dieser Zeit durch Wehrpflichtige aus den Kolonien sowie etwa 20000 Landsleute verstärkt, die Vichy-Frankreich, gewöhnlich auf dem Weg über Spanien, verlassen hatten. Seit Dezember 1943 unterstand diese Truppe dem Oberbefehl Generals Jean de Lattre de Tassigny. Sie erschien im August 1944 wieder auf dem europäischen Kriegsschauplatz und hatte zunächst maßgeblichen Anteil an der Rückeroberung des eigenen Landes. – De Lattre de Tassigny, nach seinem Tod im Jahre 1952 zum Marschall ernannt, wurde 1889 in der Vendée geboren. 1940 war er Kommandeur der 14. Infanteriedivision. Als die Deutschen 1942 die freie Zone Frankreichs besetzten, trat er dagegen auf und wurde von der Vichy-Regierung zu 10 Jahren Gefängnis verurteilt. Er entkam nach Nordafrika und stellte sich dort de Gaulle zur Verfügung. De Lattre de Tassigny unterzeichnete als Vertreter Frankreichs am 8. Mai

5 *Siegesfeier in Konstanz. Nach der Eroberung am 27. April 1945 gab es hier eine sehr gespannte Situation zwischen den Franzosen und der Bevölkerung mit Sabotageakten und Geiselnahmen.*

1945 die deutsche Kapitulationsurkunde. Von 1950–52 war er Hochkommissar und Oberbefehlshaber der französischen Expeditionsstreitkräfte in Indochina.

Die nationalsozialistische Propaganda hatte in den Monaten vor dem Einmarsch der Franzosen nach Deutschland den gegnerischen Soldaten als abstoßenden Afrikaner hingestellt, der «blonde, arische» Frauen belästige. Die davon nicht unbeeindruckt gebliebene Bevölkerung reagierte in der Tat mit Entsetzen, als nun Algerier, Tunesier, vor allem die grimmig-verwegen aussehenden Berber aus dem marokkanischen Hohen Atlas nach Südwestdeutschland kamen. Allerdings begannen die Franzosen bald damit, ihre Kolonialtruppen durch innerfranzösische Einheiten zu ersetzen. Schon im November 1945 gab es nur noch eine einzige komplette Division aus den Kolonien in der Französischen Zone.

Kein Zweifel kann daran bestehen, daß die bunt zusammengewürfelte französische Invasionsarmee sich beim Vormarsch eine Fülle von Übergriffen zuschulden kommen ließ. Dies verschaffte ihr, von den sowjetischen Truppen abgesehen, den schlech-

6 *Besetzung von Karlsruhe. Die Franzosen mußten die Stadt später an die Amerikaner übergeben.*

7 *«Der Tag des Sieges ist angebrochen.»*

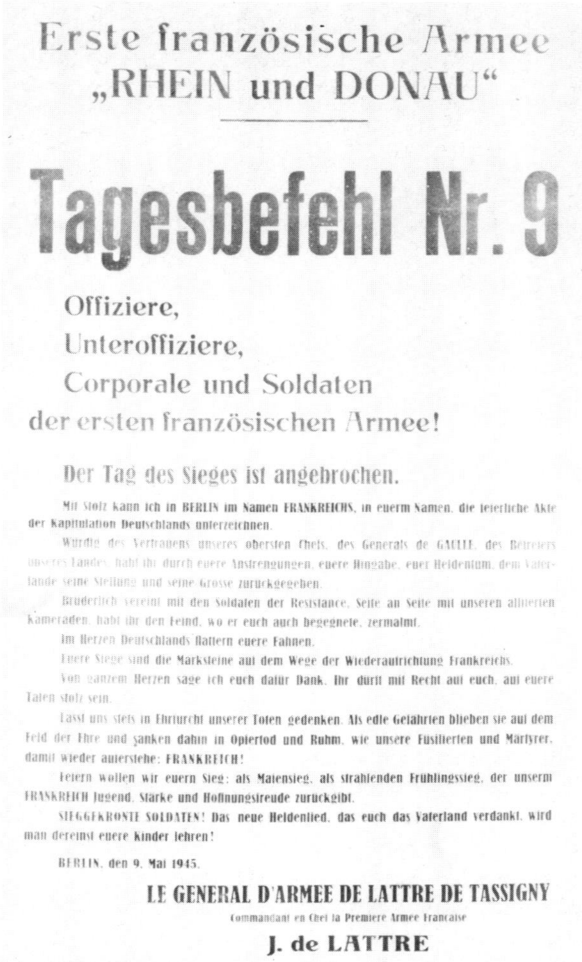

Erste französische Armee
„RHEIN und DONAU"

Tagesbefehl Nr. 9

Offiziere,
Unteroffiziere,
Corporale und Soldaten
der ersten französischen Armee!

Der Tag des Sieges ist angebrochen.

Mit Stolz kann ich in BERLIN im Namen FRANKREICHS, in euerm Namen, die feierliche Akte der Kapitulation Deutschlands unterzeichnen.

Würdig des Vertrauens unseres obersten Chefs, des Generals de GAULLE, des Befreiers unseres Landes, habt ihr durch euere Anstrengungen, euere Hingabe, euer Heldentum, dem Vaterlande seine Stellung und seine Grosse zurückgegeben.

Brüderlich vereint mit den Soldaten der Resistance, Seite an Seite mit unseren alliierten Kameraden, habt ihr den Feind, wo er euch auch begegnete, zermalmt.

Im Herzen Deutschlands flattern euere Fahnen.

Euere Siege sind die Marksteine auf dem Wege der Wiederaufrichtung Frankreichs.

Von ganzem Herzen sage ich euch dafür Dank. Ihr dürft mit Recht auf euch, auf euere Taten stolz sein.

Lasst uns stets in Ehrfurcht unserer Toten gedenken. Als edle Gefährten blieben sie auf dem Feld der Ehre und sanken dahin in Opfertod und Ruhm, wie unsere Füsilierten und Märtyrer, damit wieder auferstehe: FRANKREICH!

Feiern wollen wir euern Sieg: als Maiensieg, als strahlenden Frühlingssieg, der unserm FRANKREICH Jugend, Stärke und Hoffnungsfreude zurückgibt.

SIEGGEKRONTE SOLDATEN! Das neue Heldenlied, das euch das Vaterland verdankt, wird man dereinst euere Kinder lehren!

BERLIN, den 9. Mai 1945.

LE GENERAL D'ARMEE DE LATTRE DE TASSIGNY
Commandant en Chef la Premiere Armee Francaise
J. de LATTRE

testen Ruf in der deutschen öffentlichen Meinung, sofern es derartiges in dieser Zeit gab. In parlamentarischen Untersuchungsberichten wurden dafür Ende 1945 von französischer Seite die Zusammensetzung der Truppe, sowie Rachegefühle wegen der Jahre der deutschen Besatzung verantwortlich gemacht. – Es ginge zu weit, die Besetzung der großen Städte in Württemberg und Baden durch die Franzosen zu schildern. Daher sei exemplarisch der Einmarsch in zwei Städte beider Landesteile herausgegriffen.

Der 20. April 1945 war ein schöner Frühlingstag. Die Bäume standen in voller Blüte. Doch die Bevölkerung Reutlingens hatte keinen Blick für derartige Idyllen übrig. Das gesamte Interesse konzentrierte sich auf den bevorstehenden Einmarsch der Franzosen. Man versteckte Wertgegenstände und Hausrat und versuchte – so gut es ging – Lebensmittel für die kommende Zeit zu horten. Tieffliegerangriffe drangsalierten die Menschen von früh bis spät. Seit Jahren hatte die Zivilbevölkerung unter Bombenangriffen zu leiden, denn die von der NS-Propaganda propagierte «Festung Europa» existierte nicht, ihr fehlte von Anfang an das Dach. Viele Einwohner Reutlingens hatten sich daher in diesen Tagen in die nahen Wälder, Weinberge, Obstgärten und eigene kleine Anwesen geflüchtet.

8 *Baden-Baden kapituliert. Die Stadt überlebte den Zweiten Weltkrieg praktisch ohne Zerstörungen.*

Alle Vorsicht war jedoch vergessen, als sich in den Vormittagsstunden das Gerücht verbreitete, das Proviantamt der Wehrmacht werde geräumt. Hunderte von Einwohnern machten sich auf den Weg und transportierten bis zum Nachmittag ab, was sie auf Fahrrädern, Handwagen und Fuhrwerken befördern konnten. Erst durch Intervention eines besonnenen Bürgers, den die Franzosen noch am gleichen Abend als Bürgermeister einsetzten, wurde ein Teil der Vorräte für die Allgemeinheit gerettet.

Am späten Nachmittag kamen die Franzosen. Zögernd rückten sie vorwärts und schossen mit ihren Panzern auf alles, was sich bewegte. Einige Reutlinger wurden dabei Opfer der eigenen Unvorsichtigkeit. In der Innenstadt kam es zwischen französi-

9 *Panzersperre in Karlsruhe. Hier marschieren die Franzosen am 4. April 1945 ein, nachdem sie wenige Tage zuvor den Rhein unter schweren Verlusten überquert hatten.*

10 *Das Mädchen mit der weißen Fahne. Links: «Nach Ludwigshafen 3 km». (25. März 1945)*

schen Zwangsarbeitern und der nachrückenden Infanterie zu ersten Verbrüderungsszenen. Fielen vereinzelt Schüsse auf die einmarschierende Truppe, antworteten die Franzosen mit massivem Feuer. Reutlingen war im Gegensatz zu anderen Städten, etwa Freudenstadt, in der glücklichen Lage, daß ein überzeugter Gegner des Hitler-Regimes dem französischen Kommandeur kurz vor dem Einmarsch klarmachen konnte, daß organisierter Widerstand in der Stadt nicht zu erwarten sei. Es war Oskar Kalbfell, der spätere langjährige Oberbürgermeister. Als Vorsichtsmaßnahme plazierten ihn die Franzosen auf dem vordersten Panzer. Unter Lebensgefahr – die Panzerspitze wurde immer wieder beschossen – geleitete der Mann die Franzosen zum Marktplatz von Reutlingen. Die Übergabe der Stadt verlief dann relativ reibungslos, da sich neben der Ortspolizei auch die bis dahin amtierende Stadtverwaltung zur Zusammenarbeit mit den französischen Besatzern bereit erklärte. In den folgenden Tagen und Nächten gab es jedoch noch eine Reihe von kritischen Situationen zu bestehen, als deutsche Verbände mehrfach den Versuch unternahmen, Reutlingen zurückzuerobern. Infolge der Gefechte wurden noch zahlreiche Gebäude zerstört oder beschädigt. Da die Franzosen die deutschen Feuerwehrmänner wegen ihrer Uniformen für Wehrmachtsangehörige hielten, bedurfte es endloser Petitionen, bis sie zum Löschen ausrükken durften.

Die Lage für die Reutlinger Bevölkerung, vor allem die Frauen, spitzte sich zu, als die französischen Kampftruppen bereits am 21. April weiterzogen. Anstelle der im allgemeinen disziplinierten Kampfverbände kam jetzt ein sogenanntes «bataillon de choc» nach Reutlingen, das bald zum Schrecken der Bevölkerung wurde. Wie auch in anderen Gegenden Deutschlands stellte sich die «Etappe» als die größere Belastung für die okkupierten Menschen dar – der Krieg war eben nicht mit einem Federstrich beendet. Plünderungen und Übergriffe aller Art bis hin zu Vergewaltigungen waren jetzt die leidvolle Erfahrung der Reutlinger Bevölkerung.

Weitaus härter als die württembergische Stadt traf der französische Einmarsch Freudenstadt, das zwei Tage früher als Reutlingen, am 18. April, besetzt wurde. Die Beschießung der Kurstadt im Nordschwarzwald, so der Bericht eines Augenzeugen, begann am Vortag um 14.30 Uhr. Offensichtlich hatten die Sprenggranaten der Franzosen Zündbeiladungen, so daß über die Sprengwirkung hinaus sofort Brände entstanden. Nach einer längeren Feuerpause setzte der Artilleriebeschuß wieder ein, begleitet von Tieffliegerangriffen. Die Stadtkirche geriet in Brand. Der Feuerwehr fehlten

11 *Französischer Einmarsch in Freiburg. Die Ausrüstung der 1. Armee bestand weitgehend aus amerikanischem Material.*

12 *Französische Kolonialsoldaten. Vor ihren Übergriffen fürchtete sich die Bevölkerung ganz besonders, was z. T. auf die NS-Propaganda zurückzuführen war.*

13 *Französische Panzer in Baden-Baden. Der Kurort wurde Ende Juni 1945 Sitz der französischen Militärverwaltung.*

14 *Eroberung von Karlsruhe. Die Inschriften des Denkmals erinnern an Schlachtorte des Ersten Weltkriegs.*

15 *Die Hakenkreuzfahne im Staub (Stuttgart).*

16 *Pionierbrücke der 1. Französischen Armee bei Rastatt.*

17 *Nach der Schlacht.*

Wasser und Gerät, man behalf sich daher stellenweise mit Jauche zum Löschen der Brände. Am nächsten Morgen kamen die Franzosen und errichteten ein Schreckensregiment, das Tage dauerte und wohl nur mit dem Einmarsch der sowjetischen Truppen in den deutschen Ostgebieten verglichen werden kann. Aber auch danach trat noch keine Ruhe ein. Planmäßige Brandstiftungen legten viele öffentliche Bauten und Geschäftshäuser in Schutt und Asche, die trotz der schweren Beschießung noch stehengeblieben waren.

Wenn es eine Erklärung für die Brutalität der Franzosen gibt, dann die, daß Freudenstadt eine überragende strategische Bedeutung beigemessen wurde. Die Wegnahme der Stadt stellte in den Plänen de Lattre de Tassignys die Weichen für das weitere Vorrücken der 1. Armee nach Osten Richtung Stuttgart/Ulm und nach Süden zur Schweizer Grenze und zum Bodensee. Jedenfalls fand der Kampf um die Stadt nicht statt, auf den man sich eingestellt hatte. Es gab nur einige Scharmützel Kilometer vor dem Ort. Ob eine Übergabe von Freudenstadt durch Parlamentäre am weiteren Verlauf etwas geändert hätte, bleibt fraglich. Daß sich im Gegensatz zu Reutlingen niemand dazu bereit erklärte, lag daran, daß die Organisation «Werwolf» in der Umgebung einige Sperren aufgebaut hatte. Man befürchtete wohl, den eigenen Fanatikern in letzter Sekunde selbst zum Opfer zu fallen. Das schlechte französische Gewissen zu den Vorgängen in Freudenstadt demonstriert der Bericht des Oberkommandierenden de Lattre de Tassigny, der dem Kampf um den Schwarzwaldkurort nur einen einzigen Satz gewidmet hat.

Nach dem Durchbruch durch die sog. «Siegfried»-Linie bei Scheibenhardt stieß die 1. Französische Armee in der letzten Märzwoche weiter nach Norden vor und besetzte, im Zusammenspiel mit der 3. und der 7. Amerikanischen Armee, das gesamte südpfälzische Gebiet zwischen der Grenze zum Elsaß und Speyer. Den Westalliierten gegenüber auf der anderen Rheinseite stand die deutsche Heeresgruppe G, bestehend aus den Resten der 1. Armee im Raum Heidelberg, Mannheim und Darmstadt, der 19. Armee am Oberrhein und im Schwarzwald, sowie der 24. Armee am Bodensee, im Hegau und im Südschwarzwald. Bereits am 22./23. März überquerten die amerikanischen Invasionstruppen den Rhein bei Oppenheim und bildeten einen Brückenkopf bei Darmstadt.

Den Franzosen glückte das Unternehmen unter schweren Verlusten in der Nacht vom 30. zum 31. März. An drei Stellen kamen sie über den Rhein, wenige Tage später auch bei Kehl. Am 2. April nahmen sie Bruchsal, zwei Tage später Karlsruhe. 130000 Franzosen mit 10000 Fahrzeugen, verteilt auf drei Infanteriedivisionen und eine Panzerdivision, sowie zahlreiche nachgeführte Reserveformationen standen bereit, dem erschöpften Gegner den entscheidenden Stoß zu versetzen. Knotenpunkt der nun nach Süden und nach Südosten fortgesetzten Operationen war Freudenstadt, das zwei Wochen später, nach der verheerenden Beschießung genommen wurde. Parallel zum Vormarsch auf der Schwarzwaldhochstraße rückten die Franzosen in der Rheinebene vor. Vom Brückenkopf Kehl aus nahmen sie über das Renchtal Freudenstadt auch von Westen her in die Zange und rollten weitere Quertäler im nördlichen und im mittleren Schwarzwald auf. Am 12. und 13. April waren Rastatt und Baden-Baden gefallen, ebenfalls am 13. Lahr und Achern, am 15. April Offenburg. Nach der Inbesitznahme Freudenstadts ging der französische Hauptstoß Richtung Stuttgart. Bereits am 19. stand man kurz vor Reutlingen, das einen Tag später besetzt wurde. Operationsgrenze zwischen Amerikanern und Franzosen war jetzt der Neckar. Den deutschen Truppen gelang es nicht mehr, den relativ gut zu verteidigenden Albaufstieg zu halten. Von Norden drängten die Amerikaner, vom Süden die Franzosen, die am 20. April Rottweil erobert hatten und jetzt durch das obere Donautal nach Ulm vorstießen, das sie am 22. erreichten.

Beim französischen Vormarsch auf Stuttgart kam es zu einem regelrechten Wettlauf mit den Amerikanern. Vereinbart war ursprünglich, daß die Franzosen die Stadt nach der Besetzung an die amerikanische Armee übergeben sollten. De Gaulle hatte jedoch bereits am 29. März ein Telegramm folgenden Inhalts an seinen Oberkommandierenden de Lattre de Tassigny gesandt: «Mein lieber General, Sie müssen den Rhein überqueren, selbst wenn die Amerikaner dagegen sind und selbst wenn Sie Boote dazu benutzen müssen. Es handelt sich um eine Angelegenheit größten nationalen Interesses. Karlsruhe und Stuttgart warten auf Sie.» Die Franzosen waren tatsächlich als erste dort und widersetzten sich dem Räumungsbefehl des amerikanischen Generals Devers, dem de Lattre de Tassigny direkt unterstellt war. Am 21. April rückten sie in

18 *Alliierter Soldat in den Trümmern von Karlsruhe.*

die Stadt ein und zogen erst am 8. Juli wieder ab. Am 21. April hatten sie außer Stuttgart auch Freiburg besetzt – ein beträchtlicher Prestigeerfolg, da sich die Hauptstädte Württembergs und Badens nun in französischer Hand befanden. Ulm erreichte ein französischer Verband ebenfalls im Wettlauf gegen die Zeit – 10 Stunden vor dem Eintreffen einer amerikanischen Infanteriedivision. Den Franzosen kam zustatten, daß die Amerikaner in ihrem Kampfabschnitt größere Schwierigkeiten als die Verbündeten im Süden hatten. Wegen Stuttgart kam es zu einer ernsten Krise, denn General Devers legte als Grenze zwischen beiden Armeen die Autobahn südlich und westlich von Stuttgart fest. Erst eine Drohung des alliierten Oberkommandierenden Eisenhower, notfalls die Versorgungslieferungen an die Franzosen einzustellen, zwang de Gaulle zum Einlenken.
In der Rheinebene erreichten die französischen Verbände am 21. April den Kaiserstuhl und besetzten Breisach. Am gleichen Tag waren sie auch in Freiburg, während eine weitere Kampfgruppe auf der anderen Schwarzwaldseite nach Schaffhausen an der Grenze zur Schweiz gelangte. Lörrach

wurde am 25. April, Waldshut und Friedrichshafen am 26., Konstanz schließlich am 27. April genommen.
Den späteren Nordteil der Französischen Besatzungszone hatten, abgesehen von dem schmalen Brückenkopf in der Südpfalz, die Amerikaner erobert. Am 5. Juli übergaben sie diese Gebiete der französischen Besatzungsarmee. Für Städte wie Trier und Mainz, die monatelang unter amerikanischer Militärverwaltung gestanden hatten, kam es nun zu einem zweiten Einmarsch und zu einer Umstellung auf andere Besatzungsverhältnisse.

Der Krieg im Südwesten war endgültig erst am 5. Mai zu Ende, als auf Genehmigung des Oberbefehlshabers West die 19. Armee, zuletzt für die Verteidigung Süddeutschlands zuständig, in Innsbruck die Kapitulation unterzeichnete. Die französischen Truppen waren bis dahin entlang des nördlichen Bodenseeufers weiter vorgestoßen und hatten in Bregenz und am Fernpaß Vorarlberg und Tirol erreicht. Damit bestand auch eine räumliche Verbindung von ihrer Zone zu Österreich, das fortan ebenso wie das geschlagene Dritte Reich von den vier Großmächten verwaltet wurde.

3. Der Kampf um die Zone

Wenn man auf der Autobahn Frankfurt-Basel das Karlsruher Dreieck hinter sich gelassen hat, beginnen zur linken Hand die ersten Höhenzüge des Schwarzwaldes, die sich bald darauf zu einer imposanten Bergkulisse aufbauen. Wenige Minuten später befindet man sich bereits auf der Höhe von Rastatt – hier begann 1945 in etwa der Südteil der Französischen Zone. Noch eine Ausfahrt weiter hat man die Wahl, nach rechts in das kleine Dörfchen Iffezheim abzubiegen, an dessen Rand zweimal pro Jahr die große Rennwoche stattfindet, oder nach links in eine Kurstadt zu fahren, die während der Renntage das illustre Publikum beherbergt: nach Baden-Baden. Bei der Fahrt über den Autobahnzubringer passiert man gleich im Stadtteil Oos, der noch in der Rheinebene liegt, Kasernen und große Wohnblocks. Französische Soldaten und die Familienangehörigen der Offiziere und Unteroffiziere leben dort. An der prächtigen Kurstadt, die sich danach wie eine mediterrane Kulisse an den steilen Rändern des engen Flußtales anschmiegt, ist der Krieg nahezu spurlos vorbeigegangen. Außer einer Handvoll Bomben hat sie nichts abgekriegt.

In dieser Stadt bezogen die Franzosen im Sommer 1945 das Hauptquartier für die Verwaltung ihrer Zone. Am Ende der Besatzungszeit war eine der wenigen greifbaren Hinterlassenschaften der Südwestfunk, der mit seinen Studios auf einer Anhöhe südlich des Stadtzentrums von Baden-Baden liegt. Ein paar Schritte vom Kurhaus und Spielkasino entfernt befindet sich die Luxusherberge «Brenners Parkhotel». Hier residierte 1945 der Oberkommandierende der Zone, General Pierre Koenig. In anderen großen Hotels der Stadt waren die Militärverwaltung unter Émile Laffon, sowie weitere Stäbe, z.B. die «Sûreté» (Geheimdienst, Sicherheitspolizei) untergebracht. Neben Laffon gehörten zwei Generäle zum engsten Führungskreis der französischen Zonenverwaltung: Louis-Marie Koeltz, der die Interessen seines Landes im Alliierten Kontrollrat von Berlin vertrat, sowie Goislard de Monsabert, der Befehlshaber der französischen Besatzungsstreitkräfte.

Baden-Baden hatte 1946 bei einer deutschen Bevölkerung von 31000 Einwohnern 44000 Franzosen zu beherbergen – und zu ernähren, was die viel schwierigere Aufgabe darstellte. Augenzeugen wissen aus dieser Zeit zu berichten, daß ein Deutscher mitunter seinen Landsmann auf Französisch um Auskunft fragte: so stark war das Gefühl, zu einer Minderheit zu gehören. Im Straßenbild dominierten denn auch die westlichen Nachbarn, angefangen bei den Offizieren und ihren Frauen über französisches Zivilpersonal in der Verwaltung und in den Haushalten bis hin zu den Kindern, die die Entbehrungen der deutschen Altersgenossen nicht zu teilen brauchten. Im Gegensatz zu den Amerikanern und den Briten fanden die neuen Herren von Baden-Baden nichts daran auszusetzen, zusammen mit den Deutschen in deren Häusern und Wohnungen zu leben. Aber es waren doch zwei Welten, Tür an Tür, die sich im Alltagsleben gegenseitig verschlossen. So gab es in der Regel das «Bratkartoffelverhältnis» zwischen dem französischen Landser und dem deutschen Fräulein nicht, wie es in den beiden anderen Westzonen an der Tagesordnung war. Ein wichtiger Grund war sicherlich der hohe französische Frauenüberschuß in Baden-Baden und in den anderen Städten, wo die Besatzungsmacht Garnisonen und Verwaltungsstellen unterhielt. Kontakthemmend scheint aber auch die ausgesprochene gegenseitige Abneigung von Deutschen und Franzosen gewesen zu sein. Schließlich trug zur Abkapselung bei, daß sich die französischen Soldatenfamilien von der deutschen Außenwelt in den meisten Fällen total abschirmten – eine Beobachtung, die man beim französischen Militärpersonal von Baden-Baden nicht nur in den ersten Nachkriegsjahren sondern auch noch heute machen kann. Man zog es damals vor, sich im kleinen Kreis, beim Tee oder beim rituellen abendli-

chen Theater- oder Kinobesuch zu langweilen. Am Wochenende entfloh man der Stadt zu Wandertouren in den Schwarzwald oder zum Bodensee, am liebsten aber nach Hause, ins nahe Frankreich, das nur wenige Kilometer hinter Baden-Baden, auf der anderen Rheinseite beginnt.
Bevor General Koenig am 31. Juli 1945 das Kommando in Baden-Baden übernahm, gab es in der Französischen Zone ein fast drei Monate dauerndes Zwischenspiel, dessen Hauptdarsteller Jean de Lattre de Tassigny hieß. Der Oberbefehlshaber der 1. Armee erfreute sich in diesen Wochen einer nahezu unbeschränkten Machtfülle. Da aus Paris kaum Direktiven kamen, wurde die Zone nach seinen Ansichten und Anweisungen verwaltet. Die Regierung und General Koenig distanzierten sich später indirekt von ihnen, indem sie neue Prinzipien aufstellten und dafür Bestimmungen erließen. – Auch hier ergibt sich eine Übereinstimmung mit Eindrücken, die aus den anderen Besatzungszonen in dieser Zeit gewonnen werden können. Bevor die Politiker ihre Militärs nach dem Sieg über Deutschland an die Kandare nahmen, herrschte ein Machtvakuum, das eine Reihe von Generälen zu einer Politik auf eigene Faust animierte. Die verantwortlichen Stellen in Washington, London und Paris wußten teilweise überhaupt nicht, was sich in den ihnen anvertrauten Zonen abspielte. Die wichtigsten Gründe: der Übergang von langen Kriegsjahren zum Frieden, verbunden mit Regierungswechseln, wie in den USA und in Großbritannien; das Bedürfnis nach Ruhe und Konzentration auf Aufgaben und Reformen im eigenen Land, die der Krieg verzögert hatte; schließlich das schwierige

19 *Die Sieger in Berlin (5. Juni 1945): v. l. Marschall Schukow, General Eisenhower, General de Lattre de Tassigny (Rücken zum Betrachter) und Feldmarschall Bernard Montgomery vor Konferenzbeginn.*

20 *General Goislard de Monsabert, Befehlshaber der französischen Besatzungsstreitkräfte.*

21 *General Jean de Lattre de Tassigny, Befehlshaber der 1. Französischen Armee und ungekrönter König von Lindau.*

22 *General Pierre Koenig, Militärgouverneur und Chef der französischen Militärverwaltung.*

Unterfangen, Pläne und vielfach Zerrbilder über ein vermeintliches Volk von Verbrechern und «lauter kleinen Hitlern» in die Tat umzusetzen. De Lattre de Tassigny schlug seine Zelte im bayerischen Lindau auf, an den Ufern des Bodensees. Den Hof, den er hier unterhielt, kann man getrost mit dem eines absolutistischen Potentaten der frühen Neuzeit vergleichen. Operettenhaft war beispielsweise der Aufzug bei den Empfängen. Als der amerikanische General Devers, bis dahin der militärische Vorgesetzte de Lattres, zu seinem Abschiedsbesuch nach Lindau kam, umsäumten 2000 algerische Soldaten mit Fackeln seinen Weg. De Lattre empfing in diesen Wochen aber auch zum Dekor passende Figuren wie den Sultan von Marokko oder den Bey von Tunis in der bayerischen Kreisstadt. Kein Wunder, daß man von diesen Soireen in Paris und Washington sprach, die mit deutschen Mitteln bestritten wurden. Die Ideen des Generals gingen so weit, Künstler der Villa Medici, der französischen Kunstakademie in Rom, mit dem Bau und der Ausgestaltung von Kasernen zu beauftragen. Während der Regentschaft de Lattres liefen Hilfsprogramme für nach Deutschland verschleppte Franzosen und zur Erholung von Kindern aus Frankreich über die Bühne. Vor allem der großzügige Umgang mit den deutschen Ressourcen trug dazu bei, daß sich bei der Zonenbevölkerung wie in Paris Unmut gegen diesen neuen «Wallenstein» inmitten seiner siegreichen Armee erhob.
Immerhin gelang es dem General, in der Truppe nach der deutschen Kapitulation die Disziplin wieder herzustellen. Die Verbände wurden nun bei Reparaturarbeiten an Straßen und Brücken herangezogen und leisteten entscheidende Hilfe bei der Beseitigung von Engpässen in der Zone. – Die offiziellen Beziehungen zu den Deutschen waren in diesen Wochen gespannt. In Konstanz nahmen die

französischen Militärbehörden Geiseln, als es zu einer Welle von Sabotageanschlägen kam. Ein 14jähriger Junge wurde in Lindau hingerichtet, nachdem er einen französischen Leutnant erschossen hatte. Die Bevölkerung der Stadt wurde anschließend zum größten Teil zwangsevakuiert. In

23 *Franzosen in Worms.*

ganz Baden häuften sich Mordanschläge auf das Militärpersonal der Besatzungsmacht, was Beobachter auf die Härte der neuen Ordnungsmacht zurückführten. Kleinliche Anweisungen regelten darüber hinaus das Verhalten der Deutschen gegenüber der Besatzungsmacht in der Öffentlichkeit. – Aus Reutlingen wird berichtet, daß sich die Franzosen zwielichtiger Figuren als Helfer der ersten Stunde bedienten. Denunziationen, verbunden mit anschließenden willkürlichen Verhaftungen und Verfolgungen rissen nicht ab. Auf dem Rathaus schwoll der Strom derer an, die um Hilfe wegen irgendwelcher Übergriffe nachsuchten. Ein großes Moment der Unsicherheit bildeten in diesen Monaten die ausländischen Zivilarbeiter, die mitunter marodierend durch die Gegend zogen und in ihrem verständlichen Hochgefühl über die zurückgewonnene Freiheit zu weit gingen: sie übten bisweilen Vergeltung, die den Falschen traf. Erst nach ihrem Rücktransport in die Herkunftsländer, der sich über den ganzen Sommer hinzog, trat eine gewisse Beruhigung der Lage ein.

Der Streit zwischen Franzosen und Amerikanern Ende April 1945 um den Besitz von Stuttgart hatte eine Grundfrage französischer Deutschlandpolitik berührt. Ähnlich wie 1918 verbargen sich drei Problemkreise dahinter. Wie stellte sich Paris ein Nachkriegsdeutschland vor? Wo sollte die Grenze zwischen beiden Ländern künftig verlaufen? Welche Besatzungszone als Übergangsregelung würde Frankreich am besten dazu dienen, seine Absichten zu verwirklichen?

Obwohl die Ereignisse des Krieges erst sehr spät zuließen, daß Frankreich seine deutschlandpolitischen Vorstellungen auf den Tisch legen konnte, darf als sicher gelten, daß General de Gaulle klare Vorstellungen dazu hatte. Er bewegte sich auf diesem Gebiet in Bahnen, die der französischen Außenpolitik seit Jahrhunderten vorgezeichnet waren. Grob umschrieben ging es für das westliche Nachbarland immer um eine sichere Ostgrenze, für die der Rhein nur in seinem gesamten Verlauf in Frage kam. Saar und Ruhrgebiet mit ihren Rohstoffen und Industrieanlagen wurden immer als Gefahr angesehen und schließlich schien Frankreich auch ein Deutschland erstrebenswert, das sich aus einer Reihe von kleineren Staaten zusammensetzen und damit im Zustand vor den deutschen Einigungskriegen von 1864, 1866 und 1870/71 befinden würde.

Bereits im September 1944, als der größte Teil Frankreichs von der deutschen Besetzung befreit war, meldete de Gaulle erste Forderungen an – mit Erfolg. Im November 1944 wurde Frankreich Mitglied der European Advisory Commission (EAC), einem Gremium, in dem sich außer Frankreich die Sowjetunion, die USA und Großbritannien bisher mit der Kapitulation und Besetzung Hitlerdeutschlands beschäftigt hatten. Rückschläge für die französische Position ließen jedoch nicht auf sich warten. Bei den Beratungen der großen Drei in Jalta war das Land nicht vertreten. Nur dank der energischen Fürsprache des britischen Kriegspremiers Churchill stimmte man am 10. Februar 1945 einem Telegramm zu, in dem de Gaulle die Zusage für eine Französische Besatzungszone und einen Sitz im Alliierten Kontrollrat erhielt. Trotz dieses Erfolges, für den er seit dem Sommer 1940 beharrlich gekämpft hatte, blieb der General über das Verhalten der Amerikaner verärgert und ließ die Chance zu einem klärenden Gespräch mit dem US-Präsidenten Roosevelt in Algier aus. Die Folge war, daß die Grenzen der Französischen Besatzungszone unklar blieben und Gegenstand immer heftigerer Animositäten zwischen beiden Ländern wurden. Höhepunkt war schließlich der Streit um Stuttgart.

Bei mehreren Gelegenheiten hatte de Gaulle seit 1944 klar gemacht, wie er sich die Grenzziehung vorstellte. Im Juli sagte er bei einem Amerika-Besuch, die Rheingrenze sei die natürliche Scheide zwischen Frankreich und Deutschland. In Moskau wiederholte er diese Ansicht gegenüber Stalin bei einer Visite im Dezember. Während der Sommermonate forderte der General eine Besatzungszone, deren östliche Grenze zwischen Köln und Konstanz verlaufen sollte. Die Ruhr, so de Gaulle, dürfte auch künftig nicht mehr Bestandteil eines deutschen Staates sein. Am 10. April 1945 präsentierte der General dann seine Forderung in aller Offenheit. Für eine Französische Zone beanspruchte er das linksrheinische Gebiet Deutschlands bis zur Höhe von Köln, die alten Länder Hessen-Nassau, Hessen-Kassel und Hessen-Darmstadt, sowie Baden auf der anderen Seite des Rheins.

Zu einer Einigung mit den Amerikanern und den Briten über den Grenzverlauf, aus deren Verfügungsmasse sie ihre Zone erhielten, kamen die Franzosen jedoch erst am 22. Juni 1945, sechs Wochen nach der deutschen Gesamtkapitulation. Frankreich bekam eine Besatzungszone, die aus acht verschiedenen deutschen Provinzen bestand. Am schlimmsten wog, daß die Länder Württemberg und Baden horizontal zwischen den Amerikanern und Franzosen aufgeteilt worden waren. Der Norden beider Länder fiel an die USA, die aus logistischen Gründen darauf bestanden hatten, daß die Autobahn Stuttgart-Ulm-München in ihre Zone fiel. Südlich davon richteten sich die Franzosen ein, denen außerdem die Pfalz, das Saarland, Teile der preußischen Rheinprovinz, Hessen-Nassaus und Rheinhessens zugeschlagen wurden. Als Zugang zum auch von ihnen besetzten österreichischen Vorarlberg erhielt Frankreich den bayerischen Landkreis Lindau.

Insgesamt umfaßte die Französische Zone eine Fläche von 40216 qkm, was 8,5 % des Territoriums des Deutschen Reiches in den Grenzen von 1937

24 *Treffen der alliierten Oberbefehlshaber in Berlin (von links: Montgomery, Schukow, Eisenhower, Koenig).*

25 *General Koenig in Worms.*

26 *General de Lattre de Tassigny in Stuttgart. Auch die württembergische Landeshauptstadt ging nach schweren Auseinandersetzungen zwischen de Gaulle und Eisenhower in amerikanische Hände über.*

27 *Französische Militärparade in Ludwigshafen. Die Stadt wurde im Zweiten Weltkrieg zu 55 Prozent zerstört.*

28 *General de Gaulle in Stuttgart, bei dessen Einnahme die Franzosen den Amerikanern zuvorgekommen waren. An de Lattre de Tassigny hatte er Ende März telegrafiert: «Sie müssen den Rhein überqueren, auch wenn die Amerikaner dagegen sind. Karlsruhe und Stuttgart warten auf Sie.»*

29 *Ehrentribüne mit General Koenig (2. von rechts) in Worms.*

30 *General de Lattre de Tassigny schreitet eine sowjetische Ehrenformation in Berlin ab. Im Norden der Stadt (Reinickendorf, Wedding) erhielten die Franzosen einen Sektor.*

31 *Französische Flaggenparade in Worms.*

oder der Größe der Niederlande entsprach. Nur an einer Stelle waren die beiden Dreiecke der Französischen Zone fast miteinander verbunden: an der Mündung der Lauter in den Rhein – dort, wo der Einmarsch nach Deutschland begonnen hatte. Eine Eisenbahnbrücke, knapp unterhalb von Karlsruhe, stellte die Verbindung zwischen den beiden Teilen her. Auf den 15 Straßenkilometern, die beide Stücke trennten, gab es beim Transit erhebliche administrative Hürden zu überwinden, die ein wenig an die Verhältnisse auf der Interzonenstrecke Berlin–Helmstedt erinnern. Jedes französische Fahrzeug hatte die Strecke Mörsch–Maxau, die durch die US-Zone führte, innerhalb von 45 Minuten zurückzulegen. Dafür war ein amerikanischer Passierschein erforderlich. Im Norden grenzte die Britische Zone an das Gebiet, im Westen Belgien, Luxemburg und Frankreich, die Amerikanische Zone im Osten, sowie die Schweiz und Österreich im Süden. In ihrer längsten Ausdehnung reichte die Französische Zone vom Bodensee bis kurz vor Remagen. In der geteilten deutschen Hauptstadt erhielt Frankreich einen Sektor im Norden – Tegel – heute bekannt durch den Flughafen, der Tempelhof ersetzt hat.

Charakteristisch für die Französische Zone war, daß nahezu alle größeren Städte fehlten. Nur vier Städte mit Vorkriegs-Einwohnerzahlen zwischen 100000–150000 lagen innerhalb ihrer Grenzen: Mainz, Saarbrücken, Ludwigshafen und Freiburg. Selbst der Besitz von Baden-Baden schien längere Zeit nicht gesichert, aber nach dem erzwungenen Rückzug aus Karlsruhe und aus Stuttgart machten die Amerikaner den Franzosen diese Konzession.

Trotz der unglücklichen Grenzziehung wies der Nordteil der Französischen Zone eine gewisse Einheitlichkeit hinsichtlich seiner Geographie und seiner Wirtschaft auf. Mittelgebirge wie die Eifel, der Hunsrück, das Pfälzer Bergland, der Westerwald und der Taunus, sowie die Flußtäler des Rheins, der Mosel und der Lahn kennzeichnen seine Landschaften. Abgesehen von den industriellen Ballungsräumen an der Saar und um Ludwigshafen/Mainz herrschte die Landwirtschaft hier vor. Im Süden fehlte diese Übereinstimmung zwischen Südwürttemberg und Südbaden. Hier machte sich noch stärker als im Nordteil bemerkbar, daß mit Nordbaden und Nordwürttemberg die Industriezentren beider Länder außerhalb der eigenen Zone lagen. Landwirtschaft bestimmte durchweg das Bild, abgesehen von einigen kleineren Industriestädten in Württemberg wie Reutlingen und Friedrichshafen.

Die französische Militärverwaltung «L'Administration Militaire Française en Allemagne» (AMFA) war seit der Befreiung von Paris im August 1944 auf das «Abenteuer Deutschland» vorbereitet worden. 8000 cadres (leitende Angestellte) mit Tausenden von Hilfskräften bildeten ihr Rückgrat. In einem vierwöchigen Lehrgang wurden sie von Professoren der Sorbonne und der Hochschule für Politikwissenschaft für ihre Aufgabe trainiert. Ähnlich wie die Armee war auch die Verwaltung in ihrer Zusammensetzung buntgescheckt. Ihre Rekrutierung ist von Kritikern im eigenen Lande als die schlimmste Katastrophe bezeichnet worden, die einem erfolgreichen Verlauf der Besatzung zustoßen konnte. Das lag vor allem daran, daß der Aufbau praktisch ohne Kontrolle, im Stillen vonstatten ging, vielleicht gehen mußte, da noch der Krieg tobte.

So kam es, daß viele Vichy-Anhänger und Mitläufer auf wichtige Posten kamen und sich in Deutschland besonders prinzipientreu aufführten. Auch dies war damals ein Problem, das in den anderen Zonen auftrat. Viele engagierte Offiziere verließen nach kurzer Zeit Deutschland, um in ihren Zivilberufen Karrieren zu beginnen oder fortzusetzen. Sie machten dabei häufig weniger gut motivierten Leuten Platz, die der Drang nach persönlicher Bereicherung, weniger der Einsatz für ein demokratisches Nachkriegsdeutschland in das geschlagene Land trieb.

Hochqualifiziertes Personal kam aus dem französischen Handel, Industrie und Bankgewerbe. Den linken Parteien in Frankreich waren diese Kreise allerdings wegen ihrer politischen Einstellung suspekt. Auch warf man ihnen zu Hause bald vor, sich an den Interessen der heimischen Firmen, weniger an den Bedürfnissen der Allgemeinheit zu orientieren. Jedes französische Ministerium hatte ein gewisses Kontingent zu stellen. Die Folge: man schob unbeliebte Beamte nach Deutschland ab. Post und Bahn stachen dagegen durch eine sorgfältige Auswahl ab. Im Juni 1945 begann die Ausreise, per Auto, Bus, Lastwagen, Bahn und Flugzeug. Vorläufig herrschte jedoch noch eine Armee ohne Verwaltung in Lindau und eine Verwaltung ohne Kompetenzen in Baden-Baden. Die Animosität

32 *General de Monsabert in Stuttgart. Die Amerikaner verlangten die Herausgabe der Stadt, um die Autobahn nach München kontrollierten zu können.*

zwischen Militärs und Zivilisten in der Besatzungsverwaltung blieb, symbolisch an der Spitze durch den Gegensatz der Generäle Koenig und Laffon demonstriert. Viele Posten wurden aufgrund dieses Dualismus doppelt besetzt, die Kompetenzen nicht geklärt.

Pierre Koenig, Jahrgang 1898, stammte aus dem Elsaß, einer Landschaft, die Frankreich zahlreiche bekannte Heerführer gestellt hat. 1915 wurde er Soldat und nahm nach dem Ersten Weltkrieg an der Besetzung des Rheinlandes teil. Seine perfekten Deutschkenntnisse kamen ihm damals wie in seiner erneuten Verwendung in Deutschland im Jahre 1945 zustatten. In den zwanziger und dreißiger Jahren diente Koenig in der Fremdenlegion und machte mehrere Feldzüge in Nordafrika mit. Seine militärische Karriere zeigte in dieser Zeit keine besonderen Fortschritte: noch 1939 war er Hauptmann und befand sich bei Kriegsausbruch im marokkanischen Rabat. 1940 nahm Koenig an den für die Alliierten erfolglos verlaufenen Kämpfen in Norwegen teil. Wenige Wochen später ging er mit General Leclerc in die Kolonien und wurde bald darauf zum Militärgouverneur von Kamerun ernannt. Es folgten weitere Kämpfe in Nordafrika. An der Seite de Gaulles avancierte Koenig innerhalb von 18 Monaten vom Hauptmann bis zum Brigadegeneral. Einen Namen als Militär verschaffte sich der Elsässer bei Bir-Hakeim, als er dem weit überlegenen Rommel standhielt. Als einem der ersten Gefolgsleute de Gaulles kam ihm ein maßgeblicher Anteil am Aufbau der französischen Armee in Übersee zu. Im Frühjahr 1944 übernahm Koenig den Oberbefehl über die innerfranzösischen Truppen. Nach der Befreiung von Paris war er Militärgouverneur der Hauptstadt. Seine Tätigkeit in Deutschland hat ihn als einen treu ergebenen Anhänger de Gaulles ausgewiesen, der den amerikanisch-britischen Bemühungen um zentrale deutsche Verwaltungsorgane jederzeit sein Veto entgegenschleuderte. Auch in der IV. Republik spielte der General – jetzt in der Politik – eine wichtige Rolle. Er war von 1951–58 Abgeordneter in der Nationalversammlung und 1954 und 1955 Verteidigungsminister. Koenig starb 1970.

Émile Laffon unterschied sich von den drei führenden Generälen Koenig, Koeltz und de Monsabert bereits durch sein Alter. Er war 38 Jahre alt, als er seine Aufgabe in Baden-Baden übernahm. Der gelernte Bergwerksingenieur und Rechtsanwalt hatte seit 1943 der Bewegung de Gaulles in Algier angehört. Nach der Befreiung Frankreichs war er einer der höchsten Beamten des Innenministeriums gewesen. Im Gegensatz zu den Militärs neigte er dazu, seine Tätigkeit in Deutschland mit kühlem Kopf und nicht zu hochgespannten Erwartungen anzugehen.

Soweit es ging, nutzten die Franzosen vorhandene deutsche Verwaltungsorgane auf den unteren Ebenen der Regierungsbezirke, Landkreise, Stadtkreise und der Gemeinden. Jedes ehemalige deutsche Land oder der Teil eines Landes innerhalb der Französischen Zone erhielt den Rang einer sogenannten «délégation supérieure» (höhere Abordnung). «Délégations supérieures» gab es also für das Saarland, das Rheinland, die Pfalz, Baden und Württemberg. Eine Art Regierung bildeten vier Generaldirektorate für Verwaltung, Wirtschaft und Finanzen, Abrüstungskontrolle und Justiz in Baden-Baden. Ein weiteres Direktorat für Sicherheitsfragen war Laffon direkt unterstellt.

So begann am 31. Juli 1945 das offizielle Kapitel der französischen Besatzungspolitik in Deutschland. Insgesamt war die Stärke der französischen Streitmacht, Soldaten wie Zivilisten, bis dahin vorübergehend auf über eine Million Menschen angewachsen – eine schwere Bürde für die deutsche Bevölkerung. Manche Städte, wie etwa Offenburg mit seinen 18000 Einwohnern, hatten nun eine französische Garnison zu tragen, die in diesem Fall 800 Offiziere und 2000 Mannschaften betrug. Fast ein Fünftel aller Offiziere genoß die Vorzüge eines luxuriösen Lebens in Baden-Baden. Von den knapp 1300 dort stationierten Dienstgraden vom Leutnant bis zum General bekleideten allein 800 den Rang eines Obersten.

4. Die Französische Zone in der Stunde Null

1,8 Millionen Kubikmeter Trümmerschutt lagen im Mai 1945 im Stadtgebiet von Mainz. Im September rief die Stadtverwaltung die Bürger zur freiwilligen Beseitigung auf, die sich über Jahre erstreckte und nach der Währungsreform 1948 mehr und mehr den Grundstück- und Hausbesitzern überlassen werden mußte. Welche Arbeit zu erledigen war, zeigt sich an den relativ bescheidenen 70000 Kubikmetern, die bis Mitte 1947 trotz des großen Einsatzes von Betrieben, Schulen, Verwaltung und Einzelpersonen erst in Mainz beiseite geschafft worden waren. Dabei muß man sich vergegenwärtigen, daß die Arbeit zunächst nur mit dem Pickel, der Schaufel und der Schubkarre vonstatten ging. Mechanische Hilfen kamen mit dem Bagger, der Lore und der Lokomotive erst später hinzu, so daß die Jahresleistung auf 300000 Kubikmeter ansteigen konnte.

Auch in Reutlingen, einer Stadt mittlerer Größe, gab es ähnliche Probleme zu bewältigen. Mit Hilfe

33 *Französische Ehrenkompanie in Reutlingen.*

37 *Freudenstadt nach der Eroberung durch die Franzosen am 18. April 1945. Hier wüteten die französischen Truppen am schlimmsten.*

◁

34 *Freiburg nach der Zerstörung. Bei dem Luftangriff am 27. November 1944 wurde der größte Teil der Altstadt vernichtet.*

35 *Trümmerlandschaft in Worms. Der alte Kaiserdom überragt die zerbombte Kulisse.*

36 *Von Trümmern übersäte Straße in Saarbrücken. Die Stadt im Frontbogen des Westwalls wurde 1939 und 1944/45 zu 43 Prozent zerstört.*

38 *Dillingen (Saar). Dieses Gebiet erlitt bei Luftangriffen und beim amerikanischen Einmarsch schwere Zerstörungen.*

▷

39 *Saarlouis 1945. Man rettet, was noch zu retten ist. Die Stadt wurde in den Jahren 1680–86 auf Befehl König Ludwigs XIV. von Frankreich angelegt.*
40 *Pforzheim nach den schweren Luftangriffen. 17 000 Menschen kamen bei dem Bombardement am 23. Februar 1945 ums Leben, das auch 80 Prozent der Gebäude zerstörte.*
41 *Soldatengräber im zerstörten Saarbrücken.*

KRAMER
&
SEELAND

◁ 42 *Kriegsschäden in Landau in der Pfalz. Hier blieb der größte Teil der alten Gebäude erhalten.*

43 *Aufruf zum Wiederaufbau von Landau.*

44 *Freistellungsbescheinigung der Stadt Trier bei Aufräumungsarbeiten.*

I.Plakatanschlag

A u f r u f

====================

Alle männlichen tauglichen Mitbürger von

14 bis 60 Jahren

werden n o c h m a l s aufgefordert, sich s o f o r t beim Arbeitsamt zu melden für Aufnahme der Arbeit an 2 Tagen in der Woche zum Wiederaufbau der Stadt

Jeder ist am Wiederaufbau interessiert. Wer seine Mitwirkung versagt, wird auch von Vorteilen ausgeschlossen.

Jm übrigen wird auf die Plakatanschläge verwiesen.

Hartnäckige Arbeitsverweigerer haben Dienstverpflichtung und Bestrafung zu erwarten.

L a n d a u i.d.Pf., den 22.Juni 1945

Dr. F o r t h u b e r

Oberbürgermeister

II.Vervielfältigen

III. Anschlag an allen Amtstafeln sowie Bekanntgabe durch Ortsschelle

IV.Z.A.(Dst.1)

Landau i.d.Pf., den 22.Juni 1945
Der Oberbürgermeister:

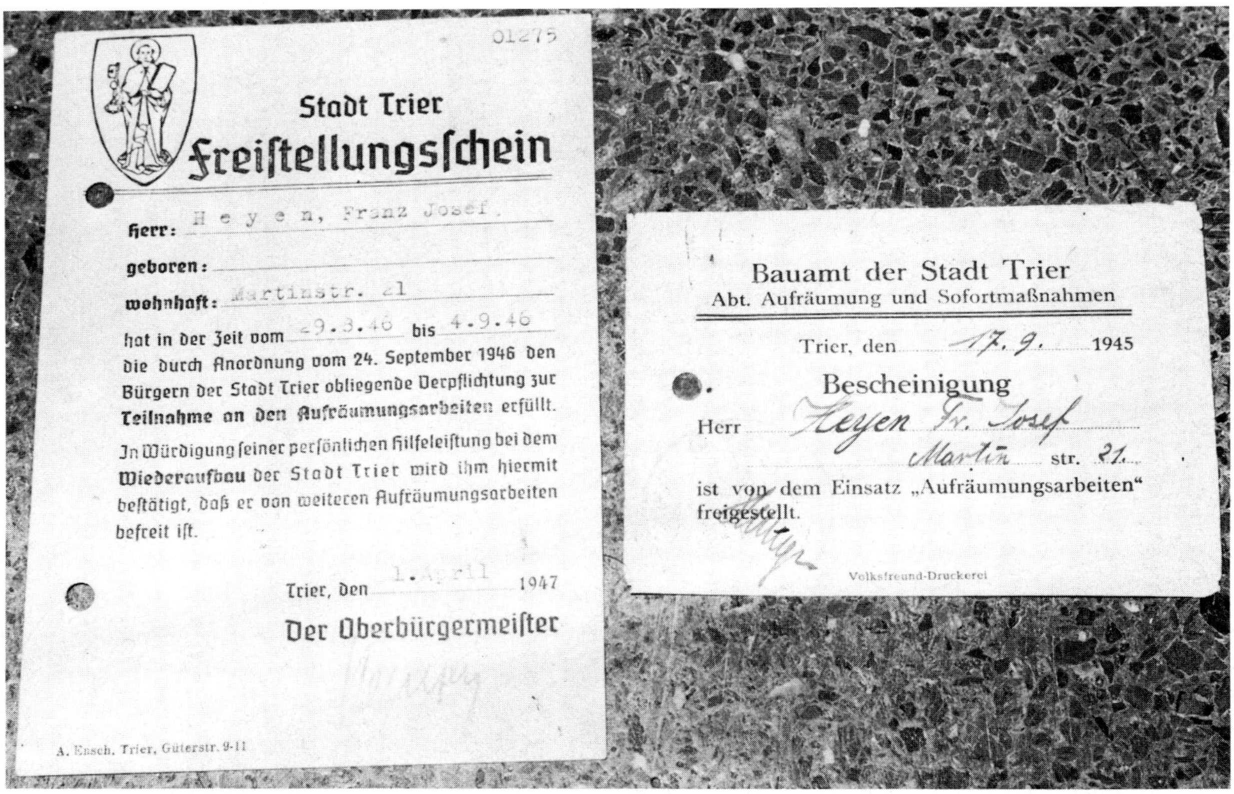
01275

Stadt Trier

Freistellungsschein

Herr: H e y e n, Franz Josef.

geboren:

wohnhaft: Martinstr. 21

hat in der Zeit vom 29.3.46 bis 4.9.46 die durch Anordnung vom 24. September 1946 den Bürgern der Stadt Trier obliegende Verpflichtung zur Teilnahme an den Aufräumungsarbeiten erfüllt.

In Würdigung seiner persönlichen Hilfeleistung bei dem Wiederaufbau der Stadt Trier wird ihm hiermit bestätigt, daß er von weiteren Aufräumungsarbeiten befreit ist.

Trier, den 1. April 1947

Der Oberbürgermeister

A. Ensch, Trier, Güterstr. 9-11

Bauamt der Stadt Trier

Abt. Aufräumung und Sofortmaßnahmen

Trier, den 17.9. 1945

Bescheinigung

Herr Heyen Fr. Josef

Martin str. 21.

ist von dem Einsatz „Aufräumungsarbeiten" freigestellt.

Volksfreund-Druckerei

45 *Soldaten der 87. US-Division beim Einmarsch in Koblenz. Die Stadt wurde im Zweiten Weltkrieg zu 81 Prozent zerstört. (Das Photo zeigt die Straßenecke Löhr-Fischelstraße).*

46 *Zerstörungen in Landau. Mittel- und Kleinstädte überstanden den Krieg in der Regel besser als Ballungsräume.*

47 *Volltreffer in Landau.*

48 *Zerstörte Bergarbeitersiedlung in Saarbrücken.*

49 *Trümmerlandschaft in Friedrichshafen am Bodensee. Die Stadt Zeppelins war wegen ihrer kriegswichtigen Industrie Ziel alliierter Luftangriffe.*
50 *Zerstörtes Worms. Die Stadt wurde von den Amerikanern erobert.*
51 *Blick über Freudenstadt. Die Tage nach der Besetzung durch französische Truppen können nur mit dem Einmarsch der Russen in den deutschen Ostgebieten verglichen werden.*

von 5000 Männern wurden zunächst in einem vierzehntägigen Einsatz die Straßen und Bürgersteige von den Trümmern befreit. Am 16. Mai 1945 sprach der kommissarische Oberbürgermeister Oskar Kalbfell, der beim Einmarsch der Franzosen eine wichtige Rolle gespielt hatte, im Amtsblatt der Stadt den Beteiligten seinen Dank aus: «Ich sage all den Männern», schrieb er, «die in den vergangenen Tagen in schwerer Arbeit gemeinsam die härtesten Spuren einer unseligen Zeit im Stadtbild beseitigen halfen, im Namen unserer Stadt herzlichen Dank und drücke ihnen im Geiste die Hand. Mögen sie alle bald wieder an ihrem früheren Arbeitsplatz stehen dürfen, daß unser Reutlingen in nicht allzu ferner Zeit trotz seiner Ruinenfelder neu entstehen darf.»
170000 Kubikmeter, also nur etwa ein Zehntel der Mainzer Schutthalde, waren in der württembergischen Stadt zu bewältigen. Mit Hilfe der männlichen Bevölkerung, die sich je eine Woche ehrenamtlich betätigte, waren bis zur Währungsreform zwei Drittel der Trümmerbeseitigung geleistet. In typisch schwäbischer Manier wurde nicht nur geräumt, sondern verwertbare Materialien ausgesondert und für den bevorstehenden Wiederaufbau gestapelt.
Die Bilder glichen sich in den Städten. So wie der Kölner Dom die Trümmerlandschaft der Innenstadt als einzig erhalten gebliebener Großbau gespenstisch überragte, so sah es auch in Mainz und in Freiburg im Breisgau aus. Nicht selten gingen Zerstörungen des Wohnungsbestandes über die Fünfzigprozent-Marke hinaus. Von den 11000 Gebäuden, 40000 Wohnungen und 166000 Räumen, die man in Mainz vor Beginn des alliierten Bombenkrieges gezählt hatte, waren ganze 6300 Gebäude, 18500 Wohnungen und 66000 Räume übrig ge-

52 *Nach einem Luftangriff in Reutlingen (Wilhelmstraße).*

53 *Menschen in Trümmern (Reutlingen). Vor dem bevorstehenden Winter grauste ihnen.* ▷

54 *Schulunterricht im Freien in Ludwigshafen. In vielen stehengebliebenen Schulgebäuden hatten sich die Franzosen einquartiert.*

55 *Schulspeisung in Ludwigshafen. Die Schweiz startete mehrere Hilfsaktionen für die Kinder.*

blieben. Eine weitere Verknappung des Wohnungsbestandes trat jetzt durch die französische Besatzung ein. Neben privatem Wohnraum wurden auch öffentliche Gebäude, Hotels und Gaststätten beschlagnahmt. Die Lage für das Heer der Wohnungssuchenden – ein Drittel bis die Hälfte der Gesamtbevölkerung – verschärfte sich noch.

Das Mainzer Beispiel zeigt nur die Spitze eines Problemberges, der im Mai 1945, in der Stunde Null, in der Französischen Zone bestand. In welchem Gesamtzustand befand sich das Doppeldreieck, das zusammengestückelte Zonengebilde in diesen Monaten? Generell hatte die Französische Zone weniger unter dem Krieg als ihre drei Schick-

56 *Kriegsschäden in der Reutlinger Industrie. Sie kam relativ schnell wieder auf Touren.*

57 *Zerstörtes Bahnhofsgelände in Reutlingen (Brühlstraße).*

58 *Karlstraße in Reutlingen.*

59 *Das zerstörte Reiterstandbild Kaiser Wilhelm I. am «Deutschen Eck» in Koblenz, am Zusammenfluß von Mosel und Rhein.*

60 *Wilhelmstraße in Reutlingen.* ▷

61 *Zerstörungen in Pforzheim.*

salsgenossen gelitten. Vor tiefgreifenderen Zerstörungen bewahrte sie zunächst ihre geographische Lage, die sie im Vergleich zum deutschen Westen und Norden erst spät in den Radius alliierter Bomberflotten rücken ließ. Wichtiger noch war die Tatsache, daß die Französische Zone, von Ausnahmen abgesehen, einen weitgehend agrarischen Raum darstellte. Die Bombenangriffe hatten sich auf die wenigen vorhandenen Groß- und Mittelstädte konzentriert, hier allerdings die bekannten schweren Schäden angerichtet, die das deutsche Städtebild noch weit in die fünfziger Jahre hinein prägten. Deutschen Quellen zufolge waren dort 44 % der Gebäude völlig und 45 % teilweise zerstört. Besser sahen die Ziffern für Klein- und Mittelstädte aus, die nur 16 % Totalschäden und 25 % Teilzerstörungen zu verzeichnen hatten. Lediglich in Ortschaften unter 10000 Einwohnern konnte man damit rechnen, knapp 90 % intakte Wohnverhältnisse anzutreffen.
Im Zonendurchschnitt ergab sich dadurch für die Französische Zone ein relativ günstiges Bild. 75 % aller Gebäude existierten noch, während es in der Amerikanischen nur 65 %, in der Britischen mit ihrer hohen Besiedlungsdichte sogar nur 43 % waren.
Bei den Alliierten war man davon ausgegangen, mit Bombenangriffen auf Städte, vor allem auf Wohngebiete, die Moral der Bevölkerung zu zermürben. Man erreichte jedoch, wie wir heute wissen, das genaue Gegenteil. Von den etwa 600000 Opfern des Luftkrieges hatte Baden-Württemberg – für die Französische Zone liegen keine Angaben vor – 40000 zu beklagen. Allein 17000 Menschen wurden noch Ende Februar 1945 in der badischen Stadt Pforzheim getötet, die später allerdings zur Amerikanischen Zone gehörte. Dagegen hätten gute Aussichten bestanden, das Dritte Reich zu einer früheren Aufgabe zu bewegen, wenn man sich auf Engpaßprodukte konzentriert hätte: auf Bombardements der in Schweinfurt konzentrierten Kugellagerindustrie oder auf die wenigen Hydrierwerke, in denen synthetischer Treibstoff produziert wurde. Es wird heute auch die Ansicht vertreten, daß ein systematisches Bombardement der Staudammauern von Talsperren im Sauerland das Ruhrgebiet unter Wasser gesetzt und die Industrieproduktion damit gelähmt hätte.
Die Folge dieser verfehlten Bombenpolitik war, daß sich die deutsche Industrie nach Beendigung des Krieges als erstaunlich unversehrt präsentierte.

62 *Zerstörtes Freiburg mit Münsterplatz und Kaiser-Joseph-Straße.*

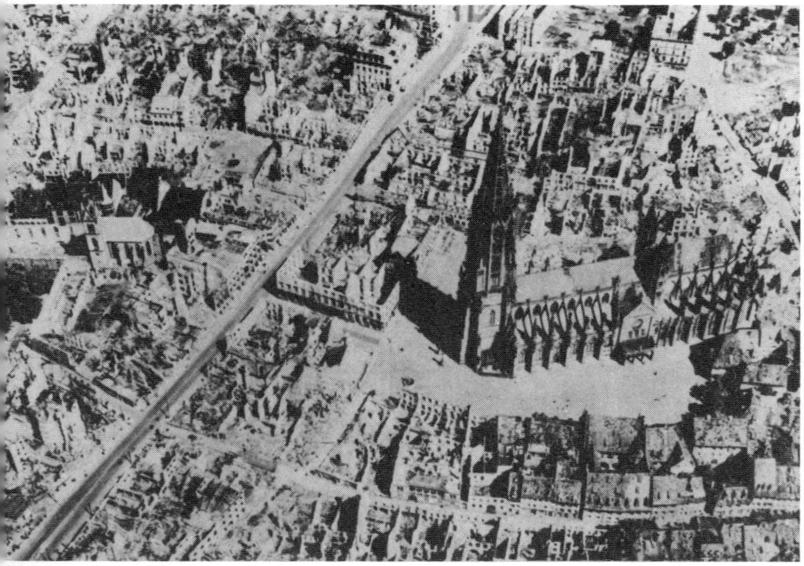

63 *Freiburger Münster (1945).* ▷

64 *Zerstörte Nicolai-Kirche in Reutlingen.*

65 *Von Trümmern geräumte Straße in Kaiserslautern.*

In der Französischen Zone schätzte man, daß nur etwa 20 % der Kapazität, allerdings von Industriezweig zu Industriezweig schwankend, zerstört waren. Eine Ausnahme bildete das Saargebiet, das unter dem Luftkrieg und den Kämpfen beim Einmarsch der Amerikaner stärker gelitten hatte. 60 % der Schwerindustrie waren hier ausgefallen.
Da das Saargebiet bald aus der Französischen Zone herausgelöst wurde, soll ein Blick auf den einzigen verbliebenen industriellen Ballungsraum um Ludwigshafen die Situation im Frühsommer 1945 verdeutlichen. Die Luftangriffe auf die chemischen Werke, voran die BASF als Teil der IG-Farben, die nach dem Krieg entflochten wurden, hatten ein Drittel der Anlagen zerstört. Völlig intakt blieben nur 6 % der Fabrikhallen. Über 400 000 Kubikmeter Schutt bedeckten das Werksgelände. Als die Arbeit im Mai 1945 wieder aufgenommen wurde, betrug die Belegschaft 800 Personen. Im Jahre 1943, kurz vor dem Höhepunkt der deutschen Kriegsproduktion, hatten dort fast 40 000 Menschen gearbeitet. Nicht nur die Beschaffung von Roh- und Brennstoffen machte jetzt Schwierigkeiten, hemmend wirkte sich vor allem die Zonengrenze zu den Amerikanern aus. Sie verhinderte, daß die rechtsrheinischen Werksangehörigen, etwa die Mannheimer, die jetzt in der Amerikanischen Zone lebten, an ihre Arbeitsplätze zurückkehren konnten. Ähnlich sah es mit vielen alten Zulieferbetrieben der BASF aus, deren Handelswege blockiert waren.
Ebenso schwer wogen in diesen Monaten des Sommers 1945 die Zerstörungen im Verkehrswesen. Besonders schlecht war es um das Schienennetz bestellt, dem seit 1944 systematische Angriffe der Alliierten gegolten hatten. Die Bilanz war entsprechend: nahezu alle Verschiebebahnhöfe waren zerstört, die Hälfte des Schienenmaterials und der Bahnhöfe, dazu zwei Drittel des rollenden Materials. Viele Tunnels, wie auf der Moselstrecke von Koblenz nach Trier, existierten nicht mehr. Manche Einrichtung, die die Bombardements überlebt hatte, wurde noch in letzter Stunde beim Rückzug

66 *Altstadt in Landau in der Pfalz.* ▷

67 *Vor der Schulspeisung.*

der deutschen Truppen in einer zweiten Zerstörungswelle in die Luft gejagt. Obwohl die Franzosen bald mit Reparaturarbeiten begannen, erlitten zwei Strecken einen weiteren Raubbau. Zwischen Offenburg und Freiburg, sowie Horb und Tuttlingen wurden die zweiten Gleise abgebaut und nach Frankreich transportiert. Die Situation wurde dadurch erschwert, daß die wichtigsten Reparaturbetriebe der ehemaligen Reichsbahn außerhalb des Territoriums der Französischen Zone lagen. – Schließlich war zu dieser Zeit auch die Schiffahrt lahmgelegt, denn die Brücken lagen in den Flüssen.

Auch in der Landwirtschaft sah es schlimm aus. Sie hatte bereits vor 1939, dem Jahr des Kriegsausbruchs, die Bevölkerung der Zone nicht ernähren können, sondern war auf Getreideeinfuhren angewiesen. Jetzt fehlten zusätzlich Gerät, Saatgut, Kunstdünger – vor allem aber Arbeitskräfte. Die Viehbestände waren dezimiert. Infolge der langen Kriegsjahre waren die Böden ausgelaugt. Nur die Hälfte der üblichen Getreideernte konnte 1945 eingebracht werden. Auch die beiden Überschußprodukte, die im Land gewonnen wurden, Wein und Tabak, erreichten in diesem Jahr nur 50 % bzw. 14 % der üblichen Produktionsziffern.

Die Bevölkerungsentwicklung in der Französischen Zone verlief in diesem frühen Stadium der Besatzungszeit völlig anders als in den drei übrigen Zonen, deren Einwohnerzahlen emporschnellten. Dies lag vor allem an der Weigerung, Flüchtlinge aus den deutschen Ostgebieten und aus der Tschechoslowakei aufzunehmen. Die französische Regierung zog sich dabei mit formaljuristischen Argumenten aus der Affäre. Frankreich sei an den Beschlüssen von Jalta und Potsdam nicht beteiligt gewesen, sagte man in Paris. Die übrigen drei Großmächte hatten sich dort über «Bevölkerungsbewegungen» geeinigt, die sich sehr bald in den unkontrollierten Massenvertreibungen aus den deutschen Ostgebieten entluden. Sein letztes Kapitel wird auf friedliche, jedoch bedrückende Art und Weise in diesen Tagen mit der Rückwanderung von deutschstämmigen Menschen aus Polen, der Sowjetunion und Rumänien geschrieben. Es ist deswegen so traurig, weil die Bundesrepublik nach Westen mit den alten Gegnern eine Integrationspolitik betreiben kann, die vielen Bürgern ohne weiteres einen Arbeitsaufenthalt im Nachbarland beschert; nach Osten hin aber trotz der Entspannungspolitik eine

68 *Frisches Grab inmitten von Trümmern.* ▷

Jos. Nies

für unser Jahrhundert fragwürdige «Entflechtung» von Nationalitäten stattfindet. Blickt man auf dem Balkan ein wenig weiter nach Süden, Richtung Jugoslawien, Bulgarien und weiteren Staaten, steht vielleicht auch dort noch eines Tages der Exodus von Minderheiten bevor.
Im Gegensatz etwa zur Britischen Zone, wo es 1945 über zwei Millionen sogenannte «Displaced Persons» gab, hatte die Französische mit 175000 nicht einmal 10% dieser Aufgabe zu bewältigen – eine der Erbschaften, die das Dritte Reich für die Sieger hinterlassen hatte. Im Spätherbst 1945 war bereits der größte Teil dieser ehemaligen Zwangsarbeiter zwischen Remagen und Konstanz auf den Heimatzug gesetzt worden.
Die Französische Zone hatte weniger als 6 Millionen Einwohner, womit sie den Vorkriegsstand um etwa 10% unterschritt. Auch darin unterschied sie sich von den anderen drei Zonen, von denen die Amerikanische und die Sowjetische etwa dreimal soviel, die Britische fast viermal soviel Menschen jetzt zu verwalten und zu versorgen hatten. – In der Französischen Zone war die Altersstruktur sehr ungünstig. Es dominierten alte Menschen und Kinder. Der Frauenüberschuß betrug 800000 und lag in den wichtigsten Altersgruppen sogar noch höher.
Alles zusammengenommen, war die Ausgangssituation für die Franzosen in Deutschland 1945 nicht ungünstig. Für sie kam es jetzt darauf an, mit Hilfe der deutschen Ressourcen dem eigenen Land Wachstumsimpulse zu verleihen und die Kosten der Besatzung so weit wie möglich von den Besetzten bezahlen zu lassen. Im Vergleich zum Westen und Norden fehlte hier weitgehend der charakteristische Gegensatz von der zerstörten Stadt zum relativ intakten Land. Im deutschen Südwesten hatte es zudem die für Industriegebiete typische scharfe Trennung niemals gegeben, hier traf man den Arbeiter an, der zusätzlich eine kleine Landwirtschaft betrieb. Hamstertouren im Ausmaß der anderen beiden Westzonen konnte man daher nicht beobachten. Daß die Ernährungslage dennoch prekär war, lag daran, daß die französische Besatzung erheblich zu Buch schlug und Lebensmittel in beträchtlichem Umfang nach Frankreich exportiert wurden. Die der Zonenbevölkerung bevorstehende Leidenszeit demonstrieren zwei Ziffern am eindrücklichsten: während der heutige Normalverbraucher 2500 Kalorien pro Tag benötigt, sank in der Französischen Zone die tägliche Nahrungsration in einigen kritischen Phasen auf 600 Kalorien ab.
Der im Frühling zu Ende gegangene Krieg gewährte den Besatzern und den Besetzten vorläufig die kurze Zeitspanne von ein paar Monaten, um sich auf den ersten Nachkriegswinter mit all seinen Problemen vorzubereiten. Es ging um das Minimum an Kalorien, das Dach über dem Kopf und um Arbeit, sofern man sich nicht in Kriegsgefangenschaft befand oder jetzt diese Erfahrung noch machte.

5. Zonenalltag

Mit ungläubigem Staunen oder mit Kopfschütteln sind bei uns in den vergangenen Jahren die chinesischen Wandzeitungen aufgenommen worden, die sich für den Westen mit dem Stichwort der sogenannten «Kulturrevolution» verbinden. Dazu gehören Photos mit Horden von Menschen in Einheitskleidung, die dicht gedrängt vor diesen Maueranschlägen die neuesten Ereignisse registrieren, so wie sie ihnen von den Machthabern zugänglich gemacht werden. Wer erinnert sich aber noch in Deutschland daran, daß es 1945 bei uns ganz ähnlich aussah? Statt Wattejacken trug man Wehrmachtsuniformen ohne Schulterstücke und anderen militärischen Zierat, der in diesen Tagen wertlos war. Statt einer Tageszeitung zum Morgenkaffee – beides gab es nicht – drängten sich zerlumpte Gestalten vor «Wandzeitungen», die der jeweilige französische Ortskommandant herausgegeben hatte. Bevor es ab dem Spätsommer 1945 nach und nach in der Französischen Zone wieder Zeitungen gab, läßt sich das öffentliche Leben anhand solcher Anschläge geradezu seismographisch nachvollziehen. Zuerst rüde, militärische Befehle, bei deren Nichtbeachtung mit der Androhung der Todesstrafe nicht gerade zimperlich umgegangen wurde oder Anweisungen, die die Deutschen als amorphe, willenlose Masse von Menschen zweiten Grades abstempelten. Dann schrittweise der Umschlag hin zur üblichen Bürokraten- und Verwaltungssprache, schließlich der Fortfall der politisch-administrativen Plakate zugunsten von Anzeigen für den Kulturbetrieb, die die allmähliche Entspannung im Verhältnis zwischen Besatzungsmacht und Zonenbevölkerung gut demonstrieren.

Man muß sich immer wieder klar machen, daß es Nachrichten in unserem Sinne damals nicht gab. Die Meldung über den Abwurf der amerikanischen Atombomben auf Hiroshima und Nagasaki im August 1945 und die anschließende Kapitulation des mit Deutschland verbündeten Japan dürfte viele Menschen nur auf dem Weg über Flüsterpropaganda, oder überhaupt nicht erreicht haben – ebensowenig wie die Chinesen die Nachricht von der amerikanischen Mondlandung im Jahre 1969. Groteske Gerüchte waren statt dessen viel typischer für die ersten Nachkriegsmonate. Den Hintergrund bildete in der Französischen Zone die weit verbreitete Meinung, man habe ein Besatzungsregime zu erdulden, dem sogar die ohnehin zweifelhafte Legitimation des militärischen Siegers fehle. So kursierte etwa die Geschichte in der Zone, daß Generalfeldmarschall Keitel, Chef des Oberkommandos der Wehrmacht (OKW) und im Nürnberger Kriegsverbrecherprozeß zum Tode verurteilt und anschließend hingerichtet, bei der Unterzeichnung der Kapitulationsurkunde in Reims gemurmelt habe: «Was? Die Franzosen auch hier?» –

69 *Deutsche vor Maueranschlägen der französischen Militärverwaltung.*

Den Deutschen erschien es 1945 nicht gerecht, daß ein Land, das sie 1940 glaubten militärisch vollständig besiegt zu haben, jetzt Siegesparaden abhielt, die Bevölkerung dabei hinter geschlossene Fenster und Gardinen verbannte und im Alliierten Kontrollrat von Berlin über das Schicksal des geschlagenen Reiches mitentschied. Eine andere verächtliche Umschreibung deutscherseits für diese Situation war das französische «Siegerrezept»: Ein paar Franzosen ziehen sich amerikanische Uniformen an, besteigen von den Anglo-Amerikanern gelieferte Panzer, lassen ihre Marokkaner und Senegalesen hinterhermarschieren und die Sache der «grande nation» ist geregelt.
Gerüchte bilden ein konstitutives Element für Zeiten, in denen eine staatliche Ordnung fehlt. Sie begleiten Krisen sowie politische und soziale Umwälzungen – Vorgänge, wie sie für das Jahr 1945 zutrafen. Hinzu kam, daß die Deutschen seit 1933 keine Pressefreiheit mehr kannten. Dagegen hatte es in den zwölf Jahren der deutschen Diktatur mehr als genug Flüsterpropaganda gegeben. Auch die NS-Führung war auf Informationen über diesen Bereich angewiesen, denn selbst ein totalitäres Regime muß wissen, was in den Köpfen der Menschen vorgeht, wenn schon nicht gewählt wird. Es fiel daher den meisten Menschen in Deutschland schwer, an ein anderes Siegerverhalten bei den Alliierten zu glauben, als an das Gebaren, das man selbst als

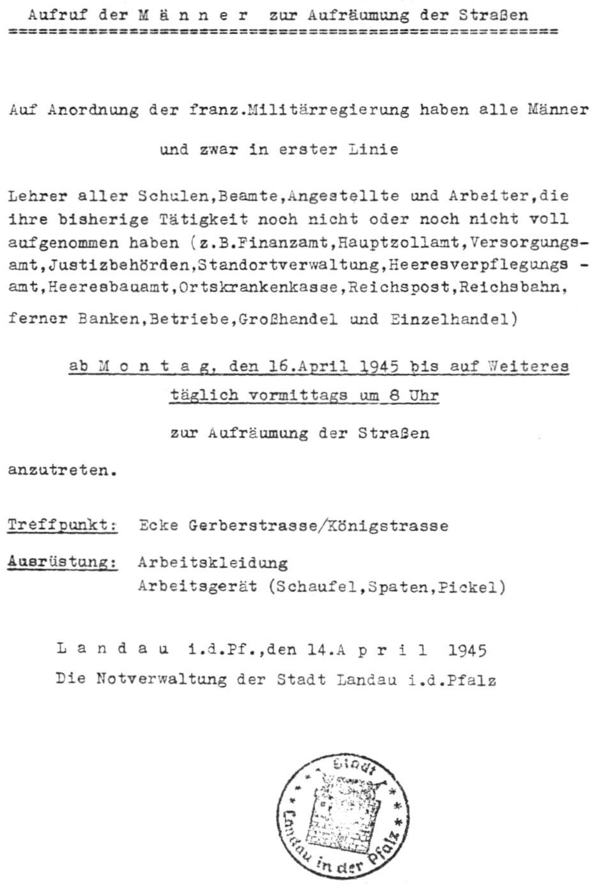

Aufruf der M ä n n e r zur Aufräumung der Straßen

Auf Anordnung der franz.Militärregierung haben alle Männer

und zwar in erster Linie

Lehrer aller Schulen,Beamte,Angestellte und Arbeiter,die ihre bisherige Tätigkeit noch nicht oder noch nicht voll aufgenommen haben (z.B.Finanzamt,Hauptzollamt,Versorgungsamt,Justizbehörden,Standortverwaltung,Heeresverpflegungs - amt,Heeresbauamt,Ortskrankenkasse,Reichspost,Reichsbahn, ferner Banken,Betriebe,Großhandel und Einzelhandel)

ab M o n t a g, den 16.April 1945 bis auf Weiteres
täglich vormittags um 8 Uhr

zur Aufräumung der Straßen

anzutreten.

Treffpunkt: Ecke Gerberstrasse/Königstrasse

Ausrüstung: Arbeitskleidung
Arbeitsgerät (Schaufel,Spaten,Pickel)

L a n d a u i.d.Pf.,den 14.A p r i l 1945
Die Notverwaltung der Stadt Landau i.d.Pfalz

Stadt Landau in der Pfalz

70 *Aufruf zu Räumungsarbeiten in Landau in der Pfalz.*

◁ 71 *Flüchtlinge bei Nacht. Vor allem aus der Sowjetischen Zone setzte bald der Zustrom ein.*

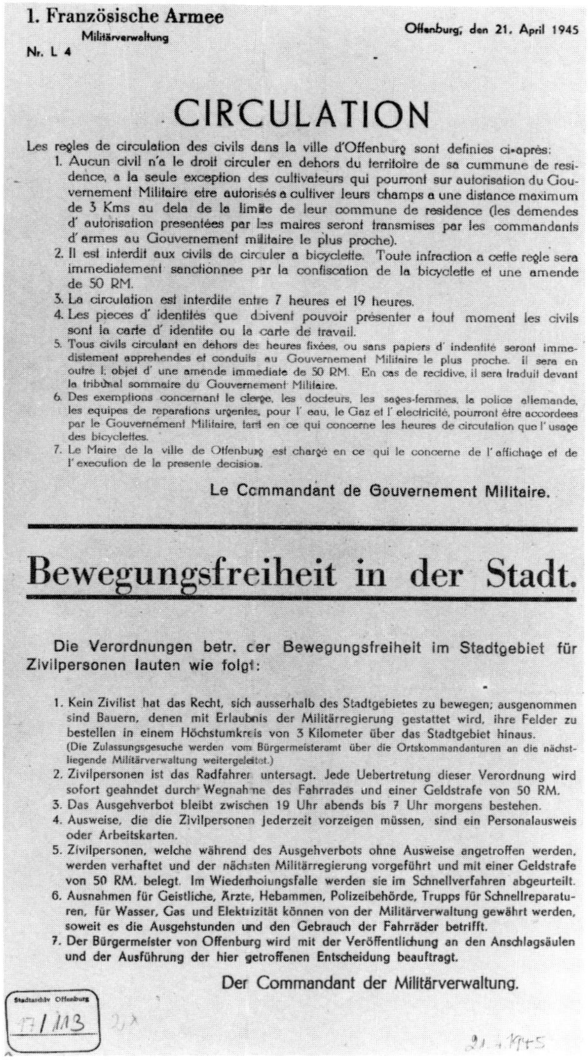

1. Französische Armee
Militärverwaltung
Nr. L 4

Offenburg, den 21. April 1945

CIRCULATION

Les regles de circulation des civils dans la ville d'Offenburg sont definies ci-après:

1. Aucun civil n'a le droit circuler en dehors du territoire de sa cummune de residence, a la seule exception des cultivateurs qui pourront sur autorisation du Gouvernement Militaire etre autorisés a cultiver leurs champs a une distance maximum de 3 Kms au dela de la limite de leur commune de residence (les demendes d' autorisation presentées par les maires seront transmises par les commandants d'armes au Gouvernement militaire le plus proche).
2. Il est interdit aux civils de circuler a bicyclette. Toute infraction a cette regle sera immediatement sanctionnee par la confiscation de la bicyclette et une amende de 50 RM.
3. La circulation est interdite entre 7 heures et 19 heures.
4. Les pieces d' identités que doivent pouvoir présenter a tout moment les civils sont la carte d' identite ou la carte de travail.
5. Tous civils circulant en dehors des heures fixées, ou sans papiers d' indentité seront immedistement apprehendes et conduits au Gouvernement Militaire le plus proche. il sera en outre l, objet d' une amende immediate de 50 RM. En cas de recidive, il sera traduit devant la tribunal sommaire du Gouvernement Militaire.
6. Des exemptions concernant le clerge, les docteurs, les sages-femmes, la police allemande, les equipes de reparations urgentes, pour l' eau, le Gaz et l' electricité, pourront étre accordees par le Gouvernement Militaire, tant en ce qui concerne les heures de circutation que l' usage des bicyclettes.
7. Le Maire de la ville de Offenburg est chargé en ce qui le concerne de l' affichage et de l' execution de la presente decision.

Le Commandant de Gouvernement Militaire.

Bewegungsfreiheit in der Stadt.

Die Verordnungen betr. der Bewegungsfreiheit im Stadtgebiet für Zivilpersonen lauten wie folgt:

1. Kein Zivilist hat das Recht, sich ausserhalb des Stadtgebietes zu bewegen; ausgenommen sind Bauern, denen mit Erlaubnis der Militärregierung gestattet wird, ihre Felder zu bestellen in einem Höchstumkreis von 3 Kilometer über das Stadtgebiet hinaus. (Die Zulassungsgesuche werden vom Bürgermeisteramt über die Ortskommandanturen an die nächstliegende Militärverwaltung weitergeleitet.)
2. Zivilpersonen ist das Radfahren untersagt. Jede Uebertretung dieser Verordnung wird sofort geahndet durch Wegnahme des Fahrrades und einer Geldstrafe von 50 RM.
3. Das Ausgehverbot bleibt zwischen 19 Uhr abends bis 7 Uhr morgens bestehen.
4. Ausweise, die die Zivilpersonen jederzeit vorzeigen müssen, sind ein Personalausweis oder Arbeitskarten.
5. Zivilpersonen, welche während des Ausgehverbots ohne Ausweise angetroffen werden, werden verhaftet und der nächsten Militärregierung vorgeführt und mit einer Geldstrafe von 50 RM. belegt. Im Wiederholungsfalle werden sie im Schnellverfahren abgeurteilt.
6. Ausnahmen für Geistliche, Ärzte, Hebammen, Polizeibehörde, Trupps für Schnellreparaturen, für Wasser, Gas und Elektrizität können von der Militärverwaltung gewährt werden, soweit es die Ausgehstunden und den Gebrauch der Fahrräder betrifft.
7. Der Bürgermeister von Offenburg wird mit der Veröffentlichung an den Anschlagsäulen und der Ausführung der hier getroffenen Entscheidung beauftragt.

Der Commandant der Militärverwaltung.

Stadtarchiv Offenburg
17/113

72 *Verordnung der französischen Militärverwaltung in Offenburg.*

vorübergehender Beherrscher Europas in den Jahren 1940–1942, vor allem in Osteuropa, an den Tag gelegt hatte. Auch die Goebbelsche Propaganda wirkte weiter. Eine kleine Liste von Gerüchten, die 1945 in der Französischen Zone kursierten, vermag dies zu unterstreichen:

«Alle Kinder zwischen acht und vierzehn Jahren werden nach Sibirien verschleppt. Dafür kommen französische Kinder nach Deutschland.»

«Alle deutschen Kriegsgefangenen in Frankreich haben lebenslang Zwangsarbeit zu verrichten.»

«Die politisch Internierten werden in die französischen Kohlengruben geschickt.»

Noch größere Blüten schlug die Phantasie bei den folgenden fiktiven Nachrichten, die zugleich ein Beweis für das damalige deutsche, kollektive schlechte Gewissen sind:

«Alle Deutschen der Jahrgänge 1910–1925 werden zwangssterilisiert.»

«Heiraten wird in Deutschland verboten.» (Entsprechende Plakate seien in Stuttgart gesehen worden.)

«Die deutsche Kultur wird vernichtet.»

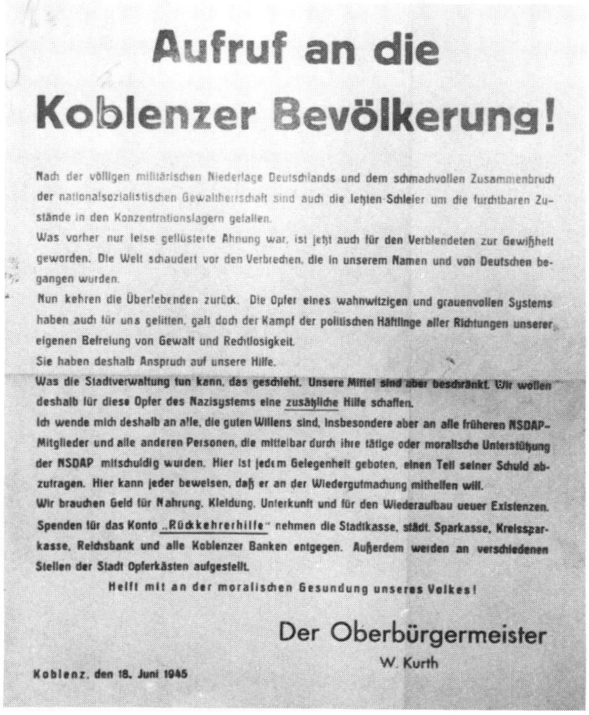

Aufruf an die Koblenzer Bevölkerung!

Nach der völligen militärischen Niederlage Deutschlands und dem schmachvollen Zusammenbruch der nationalsozialistischen Gewaltherrschaft sind auch die letzten Schleier um die furchtbaren Zustände in den Konzentrationslagern gefallen.

Was vorher nur leise geflüsterte Ahnung war, ist jetzt auch für den Verblendeten zur Gewißheit geworden. Die Welt schaudert vor den Verbrechen, die in unserem Namen und von Deutschen begangen wurden.

Nun kehren die Überlebenden zurück. Die Opfer eines wahnwitzigen und grauenvollen Systems haben auch für uns gelitten, galt doch der Kampf der politischen Häftlinge aller Richtungen unserer eigenen Befreiung von Gewalt und Rechtlosigkeit.

Sie haben deshalb Anspruch auf unsere Hilfe.

Was die Stadtverwaltung tun kann, das geschieht. Unsere Mittel sind aber beschränkt. Wir wollen deshalb für diese Opfer des Nazisystems eine zusätzliche Hilfe schaffen.

Ich wende mich deshalb an alle, die guten Willens sind, insbesondere aber an alle früheren NSDAP-Mitglieder und alle anderen Personen, die mittelbar durch ihre tätige oder moralische Unterstützung der NSDAP mitschuldig wurden. Hier ist jedem Gelegenheit geboten, einen Teil seiner Schuld abzutragen. Hier kann jeder beweisen, daß er an der Wiedergutmachung mithelfen will.

Wir brauchen Geld für Nahrung, Kleidung, Unterkunft und für den Wiederaufbau neuer Existenzen. Spenden für das Konto „Rückkehrerhilfe" nehmen die Stadtkasse, städt. Sparkasse, Kreissparkasse, Reichsbank und alle Koblenzer Banken entgegen. Außerdem werden an verschiedenen Stellen der Stadt Opferkästen aufgestellt.

Helft mit an der moralischen Gesundung unseres Volkes!

Der Oberbürgermeister
W. Kurth

Koblenz, den 18. Juni 1945

73 *Appell des Koblenzer Oberbürgermeisters an die Bevölkerung.* ▷

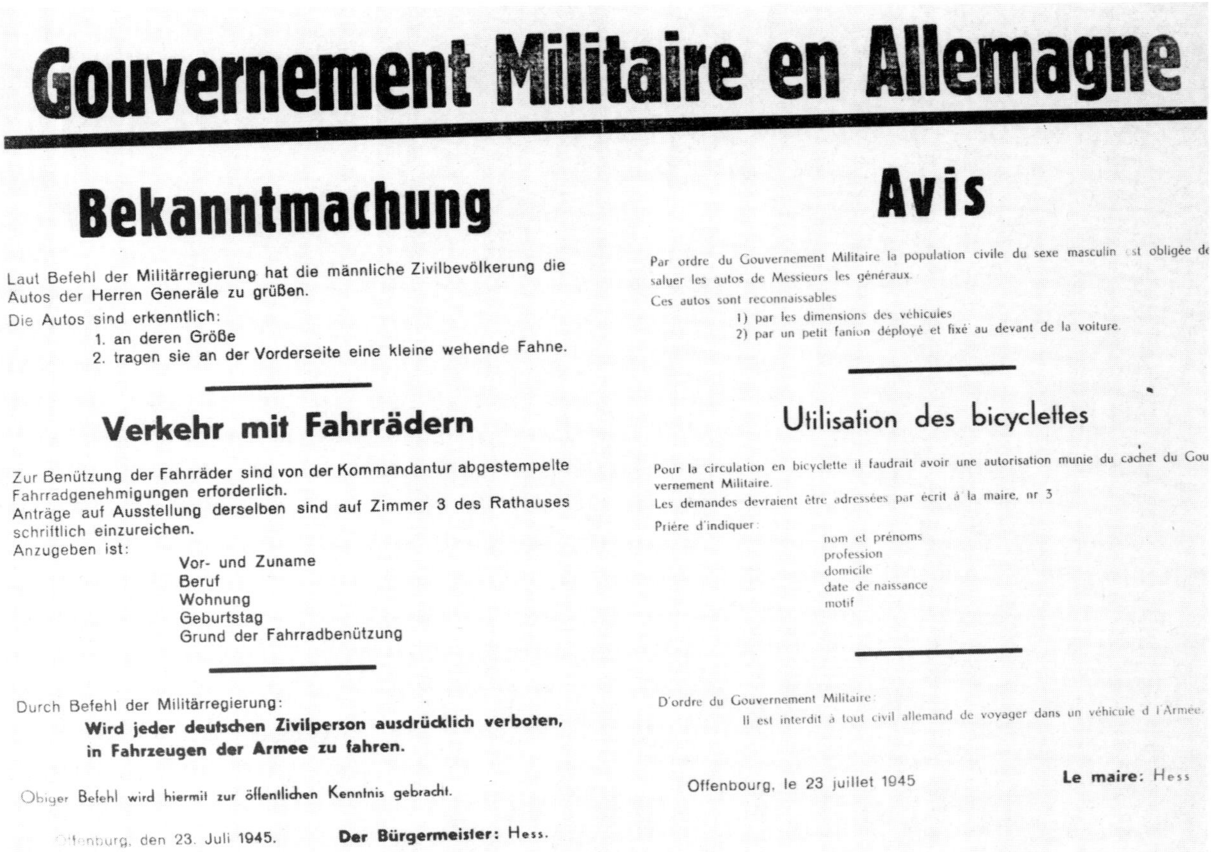

Gouvernement Militaire en Allemagne

Bekanntmachung

Laut Befehl der Militärregierung hat die männliche Zivilbevölkerung die Autos der Herren Generäle zu grüßen.

Die Autos sind erkenntlich:
1. an deren Größe
2. tragen sie an der Vorderseite eine kleine wehende Fahne.

Verkehr mit Fahrrädern

Zur Benützung der Fahrräder sind von der Kommandantur abgestempelte Fahrradgenehmigungen erforderlich.
Anträge auf Ausstellung derselben sind auf Zimmer 3 des Rathauses schriftlich einzureichen.
Anzugeben ist:
Vor- und Zuname
Beruf
Wohnung
Geburtstag
Grund der Fahrradbenützung

Durch Befehl der Militärregierung:
Wird jeder deutschen Zivilperson ausdrücklich verboten, in Fahrzeugen der Armee zu fahren.

Obiger Befehl wird hiermit zur öffentlichen Kenntnis gebracht.

Offenburg, den 23. Juli 1945. **Der Bürgermeister:** Hess.

Avis

Par ordre du Gouvernement Militaire la population civile du sexe masculin est obligée de saluer les autos de Messieurs les généraux.
Ces autos sont reconnaissables
1) par les dimensions des véhicules
2) par un petit fanion déployé et fixé au devant de la voiture.

Utilisation des bicyclettes

Pour la circulation en bicyclette il faudrait avoir une autorisation munie du cachet du Gouvernement Militaire.
Les demandes devraient être adressées par écrit à la maire, nr 3
Prière d'indiquer:
nom et prénoms
profession
domicile
date de naissance
motif

D'ordre du Gouvernement Militaire:
Il est interdit à tout civil allemand de voyager dans un véhicule de l'Armée.

Offenbourg, le 23 juillet 1945 **Le maire:** Hess

74 *Grußpflicht und Bestimmungen für Radfahrer in Offenburg.*

«Alkohol und Tabak werden den Deutschen verboten.»
«Die deutschen Bürgermeister werden durch Juden ersetzt, die aus den Konzentrationslagern befreit wurden.»
Umfragen in der Britischen und in der Amerikanischen Zone zeigten damals, daß sich die Deutschen trotz der totalen Niederlage hartnäckig weigerten, die Ebenbürtigkeit anderer Nationen endlich zu akzeptieren. Viele nahmen nicht einmal die simple Tatsache zur Kenntnis, daß die Alliierten auch auf technischem Gebiet, vor allem dank des ungeheuren amerikanischen Potentials, den Staat Hitlers im Krieg überflügelt hatten. Damals wurde – wie auch heute noch in der Bundesrepublik – einfach verdrängt, daß schon die Rote Armee ganz auf sich allein gestellt dem deutschen Ansturm 1941/42 standgehalten hatte. Übrigens wurde der Kampfwert der Sowjets nicht nur in Deutschland seinerzeit fehleingeschätzt, auch in Großbritannien und in den USA glaubte man, daß die deutschen Panzerarmeen in ein paar Wochen am Ural stünden. Sogar das sowjetische Rüstungsmaterial, gern wegen seiner einfachen Bauweise im Westen verspottet, hatte sich dem deutschen stellenweise als überlegen erwiesen, etwa der berühmte Panzer T 34. – 1945 zeigte sich, daß die Deutschen durch Jahrzehnte einer nationalen Großmannssucht infiziert waren, die sich keineswegs nur auf die Zeit des Dritten Reiches beschränkte. Eine Umfrage bei

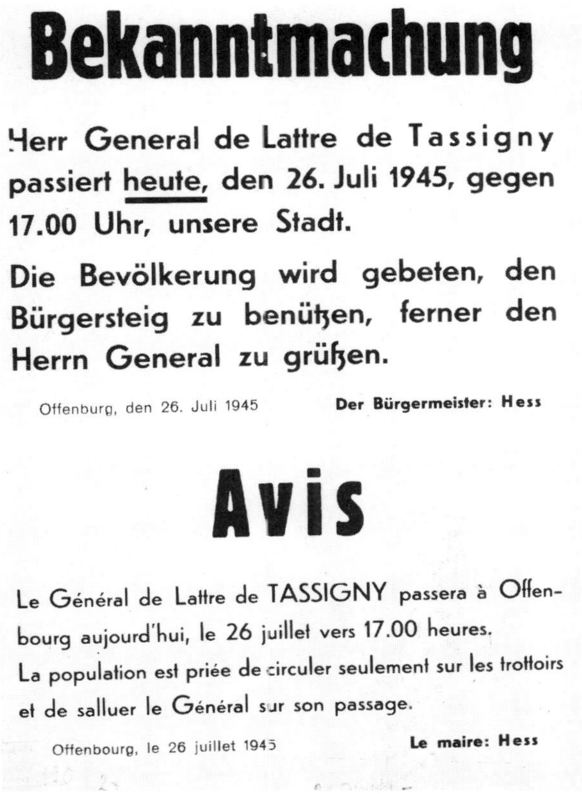

Bekanntmachung

Herr General de Lattre de Tassigny passiert heute, den 26. Juli 1945, gegen 17.00 Uhr, unsere Stadt.

Die Bevölkerung wird gebeten, den Bürgersteig zu benützen, ferner den Herrn General zu grüßen.

Offenburg, den 26. Juli 1945 **Der Bürgermeister: Hess**

Avis

Le Général de Lattre de TASSIGNY passera à Offenbourg aujourd'hui, le 26 juillet vers 17.00 heures.

La population est priée de circuler seulement sur les trottoirs et de salluer le Général sur son passage.

Offenbourg, le 26 juillet 1945 **Le maire: Hess**

75 *Verhaltensregeln für die Offenburger bei einem Besuch von General de Lattre de Tassigny.*

hessischen Schülern, ob die Deutschen anderen Völkern überlegen seien, ergab ein bezeichnendes Ergebnis. Im Verhältnis zu den Amerikanern stimmten mit ja 29%, zu den Engländern 35% zu den Franzosen bereits 59% und zu den Russen sogar 68%. Aber schon ein paar Monate früher hatte sich zur Enttäuschung vieler Deutscher ein Gerücht nicht bewahrheitet, das sich im Frühjahr 1945 hartnäckig hielt: das Gerede über den großen Frontwechsel der Anglo-Amerikaner vom vermeintlich unnatürlichen Verbündeten Sowjetunion hin zu einem Deutschen Reich, das seine Kampferfahrung erneut beweisen werde. Es beschäftigte Menschen, die die Realitäten seit langem verdrängt hatten und noch an Wunder glaubten.

Die Französische Zone besaß nicht die großen Konzentrationslager (KZ), die die Briten mit Bergen-Belsen, die Amerikaner mit Dachau und die Russen mit den riesigen Vernichtungslagern im Osten entdeckten. Dennoch war das Entsetzen in der französischen Öffentlichkeit groß, verbunden mit verständlichen Reaktionen, die Deutschen noch härter als geplant anzufassen. Aber selbst ein kleines KZ, wie das 1941 im elsässischen Natzweiler errichtete, vermochte auf eindringliche Art und Weise das Grauen zu dokumentieren, das das Dritte Reich neben den Schrecken des langen Krieges hinterließ. In Natzweiler hatte es Menschenversuche gegeben, die zu dem schrecklichsten gehören, was sich menschliche Hirne jemals er-

76 *Bezugsmarken für Kartoffeln. Manchmal gab es nicht einmal sie.*

77 *Lebensmittelkarte.*

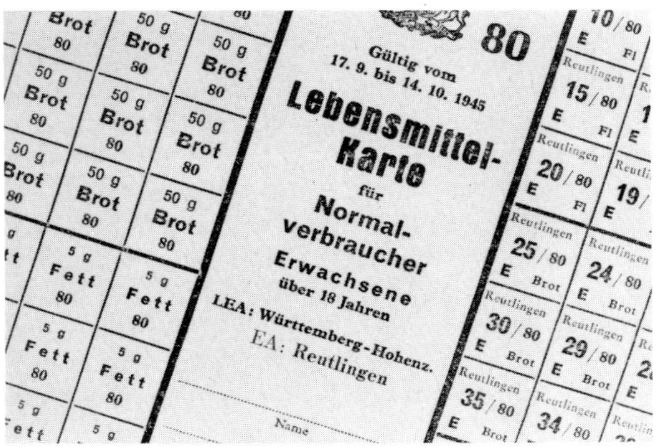

Landarbeiter

Wollt ihr in Frankreich arbeiten?

Die französische Regierung nimmt sofort eine beträchtliche Zahl freiwilliger Landarbeiter beiderlei Geschlechts nach Frankreich auf

Altersbedingungen:
Männer von 18 bis 42 Jahren, Frauen von 18 bis 35 Jahren, die mit landwirtschaftlichen Arbeiten vertraut sind.

Mindestdauer des Vertrages: 1 Jahr mit Verlängerungsmöglichkeit

Arbeitsbedingungen: Dieselben wie jene der französischen Arbeiter

a) Unterkunft und Verpflegung werden durch den Arbeitgeber gesichert. Die rationierten Lebensmittel (Brot, Fett, Zucker und daraus hergestellte Erzeugnisse) werden den Ausländern unter denselben Bedingungen wie den Franzosen verkauft. Fast alle Lebensmittel, Kleider und Schuhe sind frei käuflich.

b) Lohn: Der Netto-Monatslohn der landwirtschaftlichen Hilfskraft beträgt nach Abzug von Kost und Wohnung 4000 francs, mit beträchtlicher Zulage für Angelernte und Facharbeiter.

c) Bezahlter Urlaub: Jährlich mindestens 15 Tage.

d) Sozialfürsorge: Nach französischem Recht.

Wahl des Arbeitsgebietes: Ihr könnt das Gebiet Frankreichs, in welchem ihr arbeiten wollt, frei wählen, vorausgesetzt, daß dort Arbeitskräfte benötigt werden.

Transport: Derselbe ist frei bis zum Arbeitsplatz. Reiseproviant wird euch bei der Abfahrt frei gestellt. Zoll und finanzielle Regelung im Durchgangslager Germersheim (Pfalz), in welchem ihr nur höchstens 3-4 Tage verbleiben werdet, wird euch die Möglichkeit gegeben, bevor ihr Deutschland verlaßt, ungefähr 90 DM in 2000 francs umzutauschen. Das Gepäck und eure persönlichen Gegenstände werden ohne Zollgebühr abgefertigt.

Alle weiteren Auskünfte können schriftlich oder mündlich bei einer der nachstehend genannten Stellen, die auch eure freiwilligen Meldungen entgegennehmen, eingeholt werden:

A) bei dem für euren Wohnsitz zuständigen deutschen Arbeitsamt

B) bei jeder Kreis-Militärregierung

78 *Französische Werbung um deutsche Arbeiter. 100 000 nahmen das Angebot an.*

Ihre Weihnachtswünsche

erfüllen wir durch direkten Tausch oder durch Vermittlung des

Tauschring

Fragen Sie schon jetzt

bei den gekennzeichneten Einzelhandelsgeschäften oder in der Umtauschstelle des Offenburger Einzelhandels, Hauptstraße 88

Tauschzeiten der Umtauschstelle:

nur Donnerstag und Freitag vormittags 8.30–12 Uhr

Hugo Zuschneid, Buchdruckerei, Offenburg i. B.

79 *... und das nicht nur zur Weihnachtszeit (Offenburg).*

dacht haben. Ein Professor an der Reichsuniversität Straßburg, die von den Nazis 1941 feierlich eröffnet wurde, war der Verantwortliche. In dem kleinen Ort, der abgeschirmt in einem Vogesental liegt, sind zwischen 1941 und 1943 schätzungsweise 6000 Menschen umgebracht worden. Sie kamen vor allem in den Steinbrüchen zu Tode, wo sie für die nie fertiggestellten Großbauten des Dritten Reiches schufteten. – Vorwiegend französische Widerstandskämpfer waren seit August 1944 im KZ «Barbe» bei Haslach im Kinzigtal inhaftiert, einem idyllischen Flecken Erde im mittleren Schwarzwald. Dieses Lager bildete eine Außenstelle für Natzweiler und Dachau. Seine letzten Barackenbauten wurden im April 1979 abgerissen. Im sogenannten Rastatter Prozeß wurde das Wachpersonal dieses Lagers von den Franzosen im März 1947 abgeurteilt. – Die Bevölkerung der Französischen Zone wurde in zahlreichen Veranstaltungen nach Kriegsende über die begangenen Greueltaten informiert. Fehlende Distanz zu den Ereignissen, allgemeine Apathie angesichts der trostlosen eigenen Lage haben wohl mit zu jener «Unfähigkeit zu trauern» beigetragen, wie sie der Psychoanalytiker und Philosoph Alexander Mitscherlich beschrieben hat. Viel von dem Verschütteten brachte Anfang 1979 die amerikanische Fernsehserie «Holocaust» in der Bundesrepublik, aber auch anderswo, zu Tage.

Mancher Würdenträger des Dritten Reiches, der Widerstand bis zum letzten befohlen hatte, irrte in den Wochen nach der Kapitulation durch die Wälder am Bodensee, um das rettende Schweizer Ufer zu erreichen. Die meisten Anläufe mißlangen jedoch, und ein überraschter Bauer erhielt auf diese Art beispielsweise einmal die Schlüssel für einen nagelneuen, feldgrauen Mercedes, der sich als Fluchtfahrzeug vermutlich als zu bombastisch erwiesen hatte. Der ehemalige badische Gauleiter Robert Wagner, später auch Chef der Zivilverwaltung im Elsaß, streifte mit einer Heugabel über der Schulter durch die Felder und Wiesen. Seine Parteiinsignien und übrigen Orden drückte er einem Landwirt mit der Bitte in die Hand, er solle sie vergraben, bis sich die Zeiten geändert hätten. Wagners Odyssee hielt noch ein paar Wochen an, ähnlich wie die des Landarbeiters Heinrich Himmler, bis zum 8. Mai 1945 Reichsführer der SS und der deutschen Polizei. In Mannheim wurde Wagner schließlich festgenommen, nach Straßburg überstellt und zum Tode verurteilt. Sein Gauleiter-Kollege Murr aus Württemberg mußte bei Bregenz erkennen, daß das Spiel zu Ende war und erschoß sich.

Eine der ersten Anordnungen, die die französische Besatzungsmacht in jeder besetzten Stadt traf, hatte, von geringfügigen Abweichungen einmal abgesehen, folgenden Inhalt:

1. Niemand darf sich zwischen 19 Uhr abends (die Zeit wurde im Sommer dann etwas heraufgesetzt) und 7 Uhr früh außerhalb seines Hauses aufhalten.
2. Alle Männer zwischen 15 und 60 Jahren müssen sich auf dem Rathaus melden.
3. Alle Schuß-, Hieb- und Stichwaffen müssen einschließlich der Munition beim Bürgermeisteramt abgeliefert werden. Das Gleiche gilt für Radio- und Photoapparate, sowie für Feldstecher. Einwohner, bei denen ein Geheimsender gefunden wird, werden erschossen.
4. Radfahren ist verboten, ebenso privater Kraftwagen- und Motorradverkehr.
5. Telefongespräche sind nur innerhalb des Ortsnetzes zugelassen und werden überwacht.
6. Gasthäuser und andere öffentliche Gebäude sind geschlossen.
7. Panzersperren, Leichen und Tierkadaver müssen beseitigt werden.
8. Androhungen von Strafen bis hin zur Erschießung bei feindseligem Verhalten gegenüber der Ordnungsmacht.

In der dritten Verordnung der Militärregierung hieß es: «Im Kontrollbereich französischer Streitkräfte ist die französische Sprache Amtssprache und alle offiziellen Angelegenheiten mit den französischen Militärbehörden werden, soweit letztere

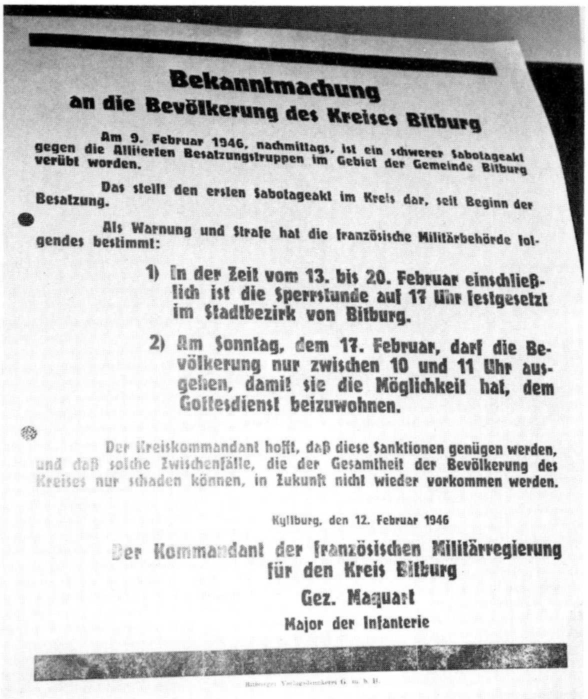

Bekanntmachung
an die Bevölkerung des Kreises Bitburg

Am 9. Februar 1946, nachmittags, ist ein schwerer Sabotageakt gegen die Alliierten Besatzungstruppen im Gebiet der Gemeinde Bitburg verübt worden.

Das stellt den ersten Sabotageakt im Kreis dar, seit Beginn der Besatzung.

Als Warnung und Strafe hat die französische Militärbehörde folgendes bestimmt:

1) In der Zeit vom 13. bis 20. Februar einschließlich ist die Sperrstunde auf 17 Uhr festgesetzt im Stadtbezirk von Bitburg.

2) Am Sonntag, dem 17. Februar, darf die Bevölkerung nur zwischen 10 und 11 Uhr ausgehen, damit sie die Möglichkeit hat, dem Gottesdienst beizuwohnen.

Der Kreiskommandant hofft, daß diese Sanktionen genügen werden, und daß solche Zwischenfälle, die der Gesamtheit der Bevölkerung des Kreises nur schaden können, in Zukunft nicht wieder vorkommen werden.

Kyllburg, den 12. Februar 1946

Der Kommandant der französischen Militärregierung
für den Kreis Bitburg
Gez. Maquart
Major der Infanterie

80 *Französische Androhung von Repressalien bei Sabotageakten in Bitburg (Eifel).*

81 *Schlange vor einem Metzgerladen in Ludwigshafen.*

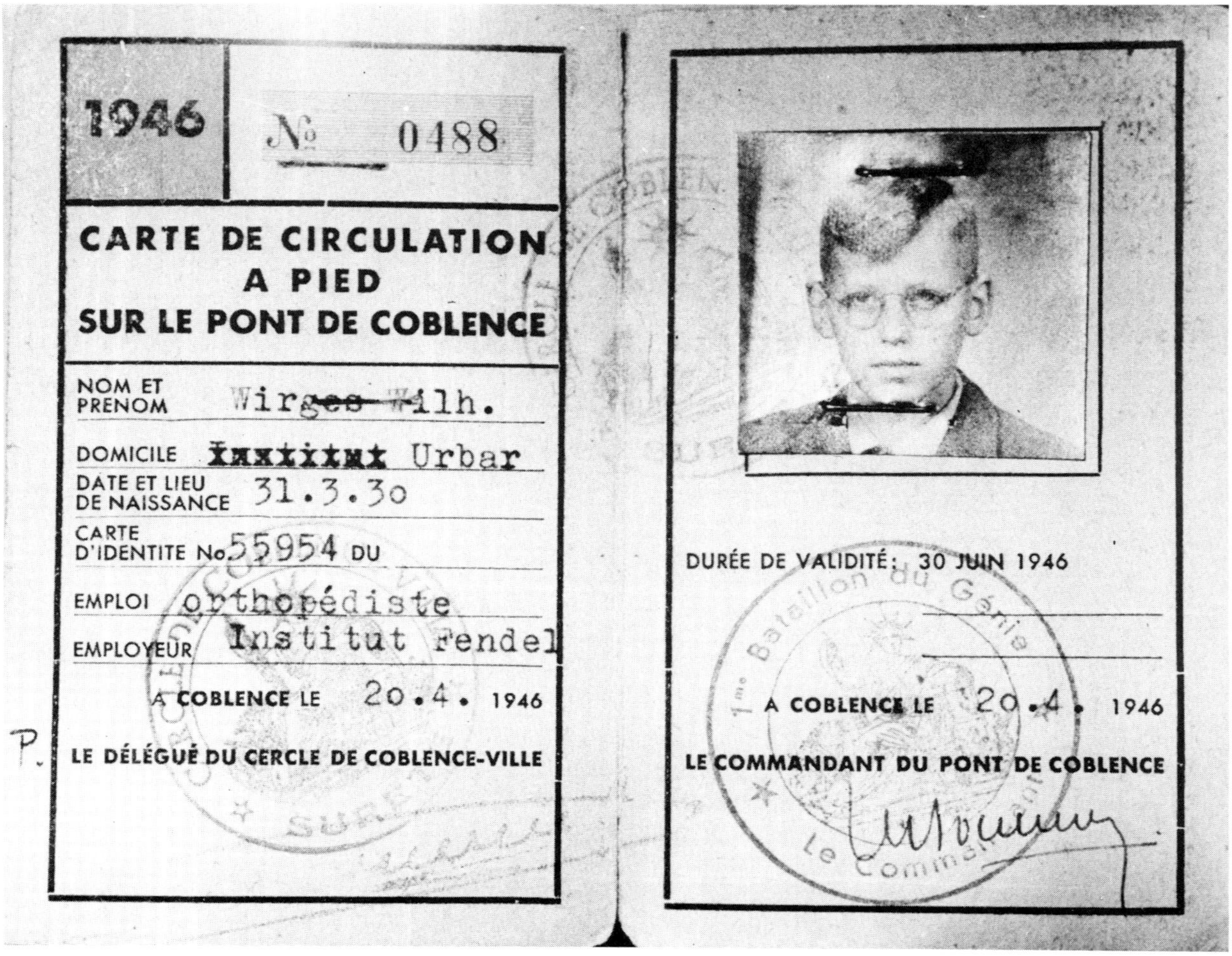

1946 | № 0488

CARTE DE CIRCULATION
A PIED
SUR LE PONT DE COBLENCE

NOM ET PRENOM Wirges Wilh.
DOMICILE Xxxxxxxx Urbar
DATE ET LIEU DE NAISSANCE 31.3.30
CARTE D'IDENTITE No. 55954 DU
EMPLOI orthopédiste
EMPLOYEUR Institut Fendel
A COBLENCE LE 20.4. 1946
P.
LE DÉLÉGUÉ DU CERCLE DE COBLENCE-VILLE

DURÉE DE VALIDITÉ: 30 JUIN 1946
A COBLENCE LE 20.4. 1946
LE COMMANDANT DU PONT DE COBLENCE

82 *Koblenz: Fußgänger-Brückenausweis.*

nicht anders verfügen, in dieser Sprache behandelt.»
Es bedarf keiner allzu großen Phantasie, um sich vorzustellen, was diese Auflagen, zumal in den ersten Wochen eines totalen Mißtrauens auf beiden Seiten, bedeuteten. Hinzu kam, daß die Stromversorgung noch häufig zusammenbrach, so daß sich die Bevölkerung am Ablauf von Tag und Nacht zu orientieren hatte. In den Städten waren die Lebensmittellager schnell aufgebraucht, die Wege zum nahen Bauernhof und zu den Freunden auf dem Dorf noch abgeschnitten. Am schlimmsten wog jedoch – trotz aller Hunger- und Mangelgefühle – die Ungewißheit über das Schicksal der Familienangehörigen. Man hoffte, daß sie während der letzten Kriegswirren irgendwo ins Reich verschlagen worden seien oder sich in Kriegsgefangenschaft befänden. Solches Klammern an Hoffnungen zerriß in diesen Monaten nicht selten die Mitteilung eines Kameraden oder ein Brief, der schlimmste Befürchtungen bestätigte. Mancher zog es aber auch vor, eine ungeliebte Bindung zu sprengen und

mit frischen Papieren ein neues Leben zu beginnen. Sechs Kriegsjahre hatten auch auf diesem Gebiet ihre unheilvolle Auswirkung gehabt.
Die Situation für Wehrmachtsangehörige im Gewahrsam der Franzosen war 1945 ernst. Viele tauschten ihre amerikanischen Entlassungspapiere gegen einen erneuten Zwangsaufenthalt hinter französischem Stacheldraht ein. Nach der russischen Kriegsgefangenschaft war die französische am meisten gefürchtet, und Soldaten, die die Lager von Bad Kreuznach oder Mainz-Bretzenheim durchlaufen haben, erinnern sich ungern an ihre Erlebnisse. Viele starben dort angesichts der Entbehrungen, denen sie ausgesetzt waren. Hunderttausende wurden dann zu Aufräumungsarbeiten und zum Arbeitseinsatz nach Frankreich abtransportiert. Noch Ende 1947 befand sich fast eine halbe Million ehemaliger deutscher Soldaten im Nachbarland. Davon stammten fast 100000 Mann aus der Französischen Zone. Mit aufwendigen Anzeigenkampagnen warben die Franzosen bei ihren Gefangenen darum, als freie Arbeiter im Lande zu bleiben, den einheimischen Kollegen gleichgestellt. Nahezu 100000 Deutsche entschieden sich für dieses Angebot und erhöhten damit zugleich auch ihre Chance, früher heimzukehren. Mancher blieb jedoch für immer in Frankreich, so wie es auch in Norddeutschland die Kategorie des sogenannten «Speck-Dänen» gab, eines Menschen, der für Lebensmittel die Nationalität wechselte.
Derartigen Gewissenskonflikten konnten deutsche Kriegsgefangene aus dem Weg gehen, die die Franzosen zum Arbeitseinsatz in ihre Zone brachten, etwa aus dem Raum Tulle im südwestfranzösischen Département Corrèze, wie es in Reutlingen der Fall war. Sie wurden beim Holzfällen eingesetzt und genossen den Vorzug, in Privatquartieren zu wohnen. Andere lebten in den Kasernen, die die Franzosen besetzt hatten und hüteten dort Tiere und Ausrüstungsgegenstände. Den Vogel schossen aber solche Gefangenen ab, die in den Läden für Besatzungsangehörige, der «Economat»-Kette, arbeiteten. Das Wort Hunger kam trotz der schwierigen Zeit in ihrem Wortschatz nicht vor. Bei vorsichtigem Umgang mit dem ihnen Anvertrauten reichte es sogar noch häufig dazu, die Familie oder Freunde mit damals seltenen Gaben zu versorgen.
Auf dem Schwarzmarkt wurden Phantasiepreise für begehrte Güter – wozu praktisch alles gehörte –

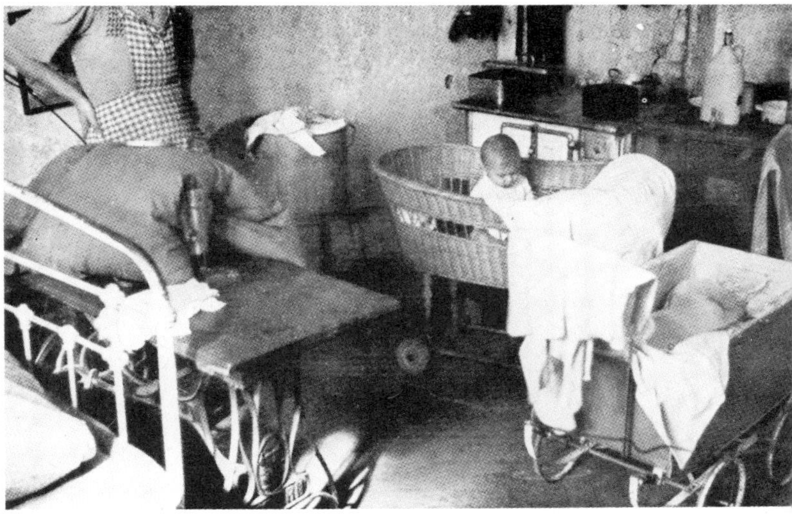

83 *Quartiere für Ausgebombte in einer ehemaligen Kaserne in Mainz. Auch hier waren über die Hälfte aller Gebäude zerstört.*

84 *Flüchtlinge. Sie waren bereits mit dem «Dach über dem Kopf» zufrieden.*

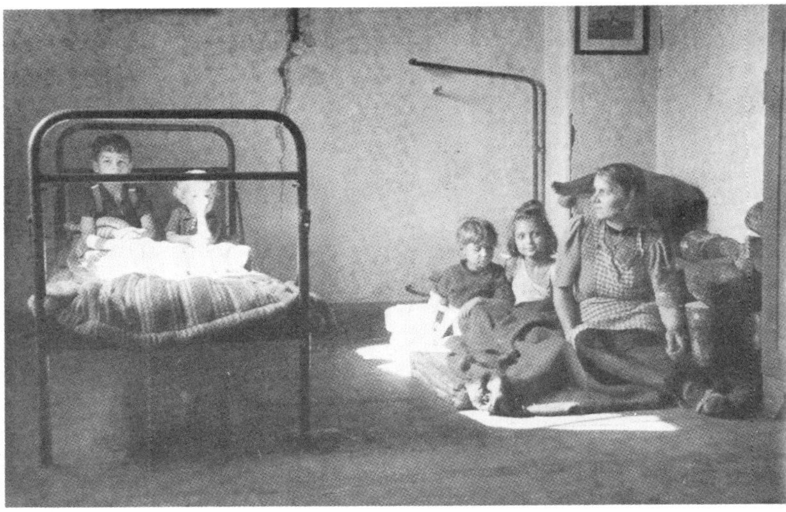

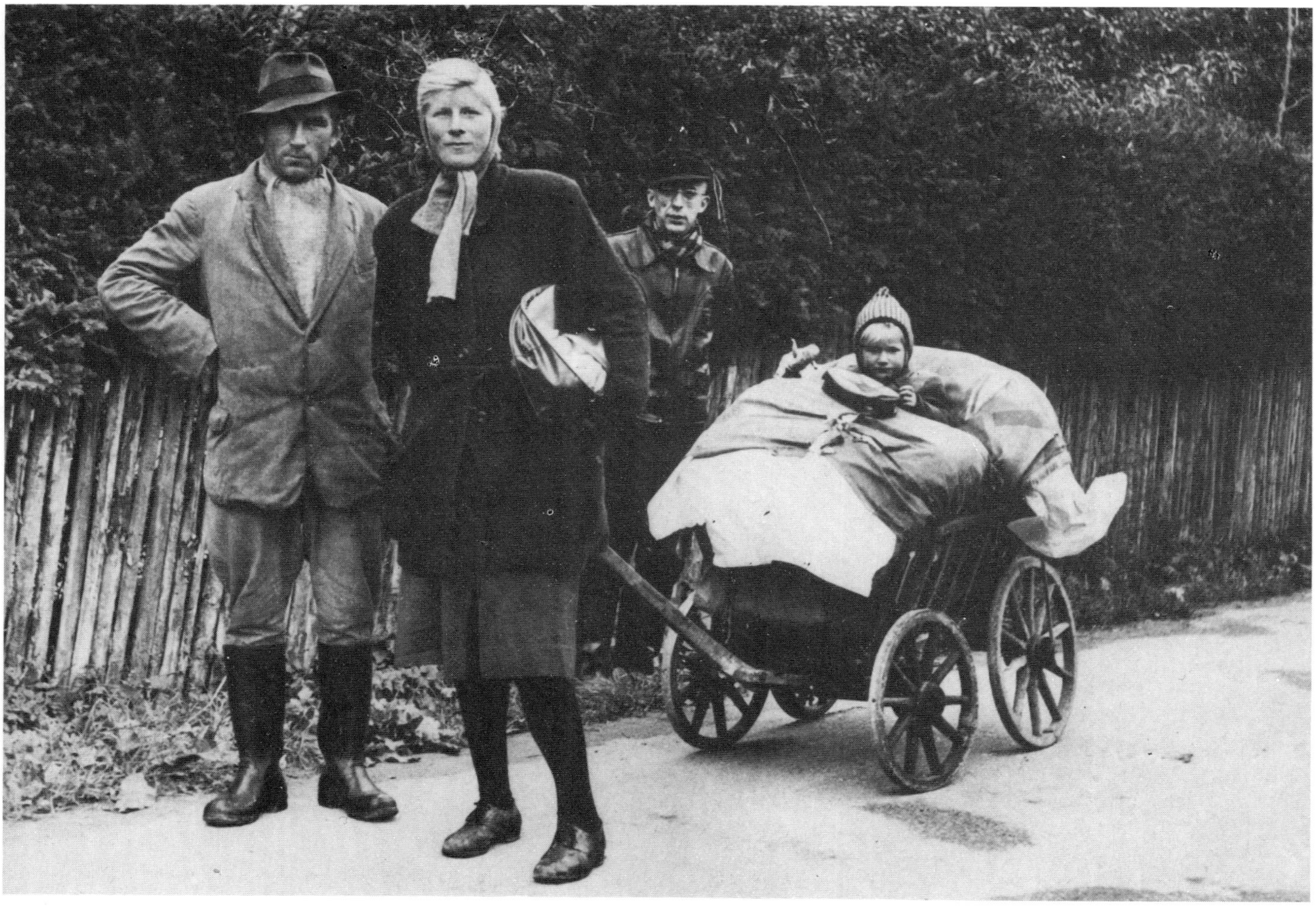

85 *Familie auf der Flucht.*

bezahlt. Ein Pfund Kaffee kostete dort beispielsweise Ende 1946 bis zu 300 RM, 20 amerikanische Zigaretten 80 RM, eine Dose Nescafé 40 RM. Die Preise stiegen auch danach noch munter weiter und erreichten etwa für 1 Kilogramm Tee den kaum vorstellbaren Betrag von 900 RM. Dabei reichte schon ein monatliches Einkommen von 300 RM aus, um im Vergleich zu weiten Kreisen der Bevölkerung, die erheblich weniger zur Verfügung hatten, ehrbar über die Runden zu kommen. Aber was bedeutete das in solchen Zeiten, wo es um das nackte Überleben ging? Der Schwarzmarkt symbolisierte den Zustand der Zonenwirtschaft. Für ein paar tausend Menschen bot er die Chance, ohne großen Arbeitsaufwand zu einem erträglichen Lebensunterhalt zu kommen, in ein paar Fällen auch zu einem Leben in Luxus. Gleichzeitig zwang er jedoch eine viel größere Zahl von Menschen, ihre

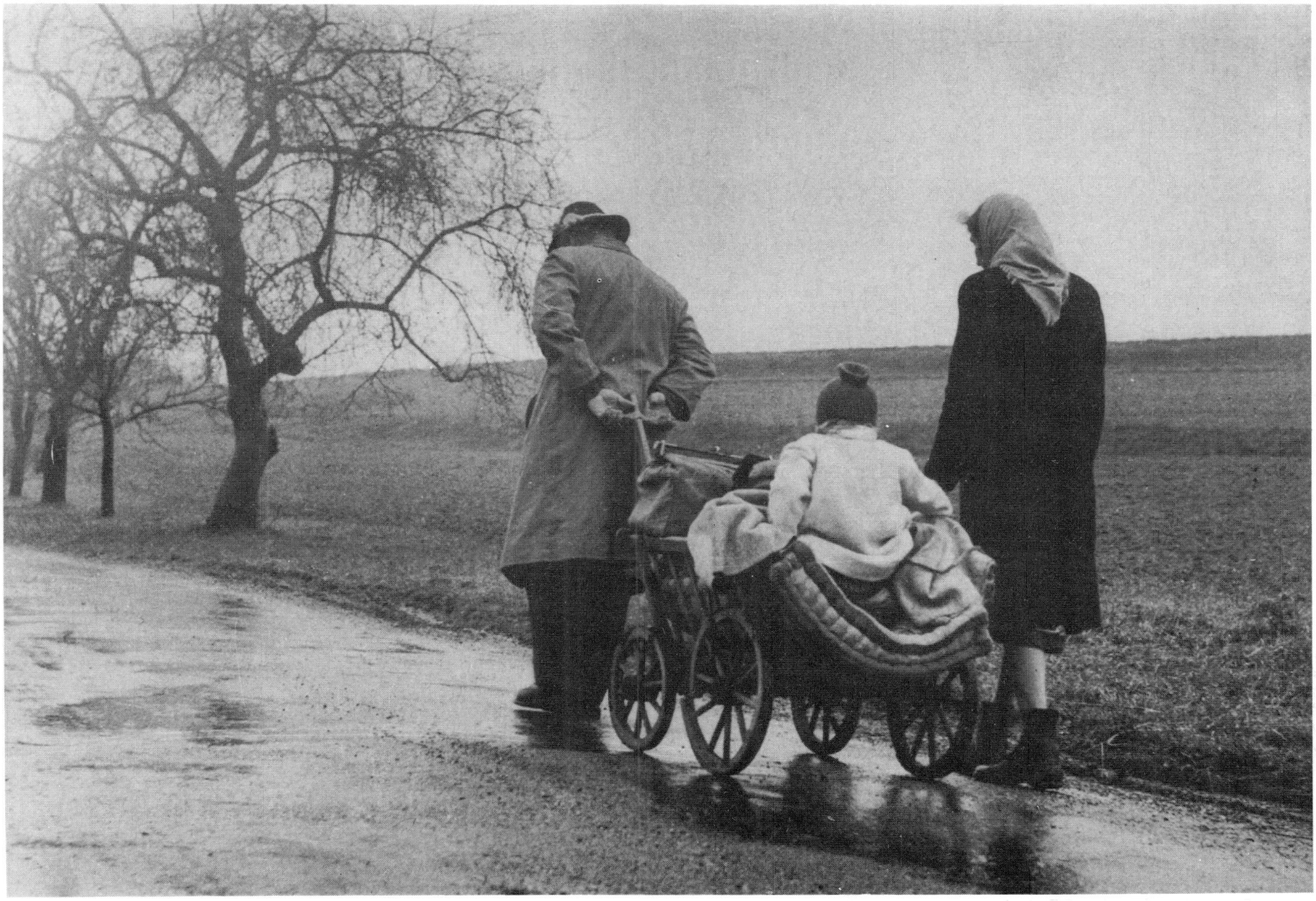

86 *Weg ohne Ziel in der Französischen Zone.*

Arbeitsenergien fortlaufend zu steigern, um ein Zipfelchen vom täglichen Glück abzubekommen.
Es herrschte im Lande eine Art von Zigarettenwährung, die groteske Tauschrelationen produzierte. Kunstgegenstände, Perserteppiche, Radiogeräte, Photoapparate, Tafelsilber und andere gehobene Ausrüstungsgegenstände des bürgerlichen Haushalts waren der Preis, um die Stäbchen zu erhalten. Häufig waren Besatzungsangehörige an den Transaktionen beteiligt und verstärkten mit ihren Zigarettenlieferungen den Gegenstrom an Wertgegenständen, die nun nach Frankreich, Großbritannien, in die Vereinigten Staaaten oder in die Sowjetunion flossen, während sich die Bezahlung in blauem Dunst auflöste – eine Art heimlicher Reparationen und «Umverteilung» von Vermögen, die keine Bilanz enthält.

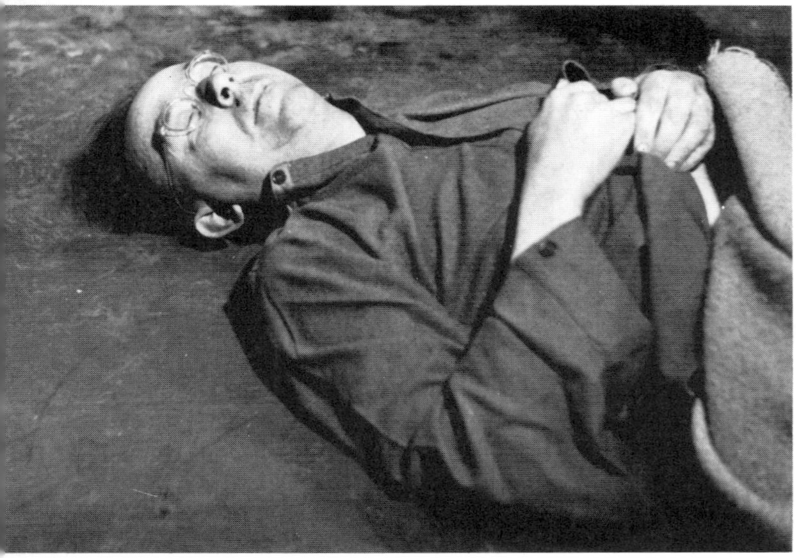

87 *Als Feldwebel Hitzinger (mit abrasiertem Schnurrbart) untergetaucht, gefaßt: Heinrich Himmler nach seinem Selbstmord mit Giftkapsel im britischen Hauptquartier in Lüneburg.*

88 *Der Tascheninhalt eines gefangenen deutschen Soldaten: Löffel, Pfeife, Taschenmesser, Portemonnaie und Kamm, dazu die Ärmelstreifen und die Erkennungsmarke.*

Es gab viele Möglichkeiten, am Schwarzmarktgeschäft zu partizipieren. Sie begannen damit, daß man sich ohne Genehmigung ein paar Hühner «schwarz» hielt – dieses Adjektiv gehörte damals zu den Schlüsselwörtern – und den größten Teil der Eier gegen Zigaretten eintauschte. Sie endeten damit, man mache sich da gar nichts vor, die eigene Frau oder Freundin auf den Strich zu schicken – für die dringend benötigten Zigaretten. Eine Neuauflage solcher «Dienstleistungen» konnte man während des Vietnamkrieges beobachten. Das Problem der Waisenkinder aus dieser Region wird noch lange durch die Pressespalten geistern, wie nach 1945 das unserer Besatzungskinder.

Der Schwarzmarkt war in diesen Jahren aus dem Leben der Menschen nicht wegzudenken, denn er bewahrte viele vor dem Hungertod und bot manchem Lebenskünstler eine Chance, als Individuum zu überleben, wenn auch auf fragwürdige Art und Weise. Wer damals Geld oder Zigaretten besaß, konnte nahezu alles kaufen, denn neben dem Bezugsscheinwesen gab es durchaus auch eine Welt ohne Marken. In der Rückschau neigt man gern zu einer harmonischen Sicht der Dinge. Sie waren es nicht, so wenig wie die Lebensbedingungen in der Französischen Zone und anderswo gleich waren. – Als reichster Hamsterzug Mitteleuropas galt der Nachtexpress zwischen München und Dortmund, dessen «Zuladung» wegen der zahlreichen Kontrollen immer eine riskante Sache war. Bei einer Razzia im März 1947 wurden sichergestellt: 97 Zentner Mehl, 253 Kilogramm Butter, 147 Kilogramm Zucker, 296 Zentner Kartoffeln, 84 Kilogramm Käse, etwa 40 geschlachtete Hühner, 12 lebende Hasen und über 15 Zentner Wintergemüse. Den Schwarzhändlern im Ruhrgebiet gingen dadurch etwa 10 Tonnen Nägel und Schrauben durch die Lappen, etwa 75 Sägeblätter, zwei Tonnen Beschläge und eine unbekannte Menge Kohle, die aus Bergarbeiterdeputaten stammte. Dieses Material hatten sie den Bayern quasi als Vorschuß überlassen müssen. Weitaus größere Mengen verschoben oder veruntreuten mitunter amtliche Stellen, die sich häufig auch als unfähig erwiesen, die Warenströme zu lenken. So verfaulten Tausende von Tonnen Gemüse, weil sich örtliche Ernährungsstellen mit den Fahrbereitschaften über den Abtransport nicht einigen konnten. Ein Ämterchaos entwickelte sich oder setzte sich vom Dritten Reich

fort, das die Nöte der Menschen bisweilen völlig aus den Augen verlor.
Wer konnte es den Menschen übelnehmen, wenn sie auf eigene Faust handelten, etwa angesichts der Kinder- und Säuglingssterblichkeit, deren Ausmaße ein Bericht der CARITAS an den Freiburger Erzbischof Gröber im Mai 1946 enthüllt? Obwohl ihm nur die Verhältnisse im Freiburger Raum zugrunde lagen, darf er wohl als typisch für die Lage in der gesamten Französischen Zone gelten. Danach erhielten Kinder im Alter bis zu drei Jahren in dieser Zeit täglich einen dreiviertel Liter Milch, kein Fett und auch keine spezielle Kindernahrung wie Haferflocken. Das vorhandene Mehl verursachte darüber hinaus Durchfall und Erbrechen. Man erhielt es über die sogenannten Säuglingsbrotkarten. Selbst die Muttermilch enthielt zu wenig Nährstoffe, so daß Kleinkinder nur ungenügend an Gewicht zunahmen. – Schwangerschaftsabbrüche oder Frühgeburten häuften sich, die Säuglingssterblichkeit nahm in Freiburg von einem Vorkriegsstand von 4 % auf 20 % zu.
Ähnlich besorgniserregend war im Breisgau und in der Zone die Lage für die 3–6jährigen Kinder, deren Rationen so knapp bemessen waren, daß die Erwachsenen sie mit den ihnen zustehenden Karten durchfüttern mußten. Dabei ist noch zu berücksichtigen, daß es im Mai 1946 für ein Drittel aller Freiburger nicht einmal Kartoffeln gab und die tägliche Kalorienmenge auf 632 sank. Eine hohe Anfälligkeit für Infektionskrankheiten war die Folge. In den überfüllten Kinderkliniken wurden Zusatzlager für Kleinkinder errichtet, die an Gehstörungen litten und sich im übrigen apathisch verhielten.
Die älteren, schulpflichtigen Geschwister kamen häufig ohne Frühstück zum Unterricht und litten an Ohnmachtsanfällen. Schulspeisungen, die vor allem die Schweiz zu dieser Zeit organisierte, führten zu einer vorübergehenden Verbesserung des Gesundheitszustandes der Kinder.
Es war nicht nur der Hunger, der ihnen zusetzte. Schlimmer wog der fehlende Vater, der gefallen war oder sich noch in Kriegsgefangenschaft befand. Viele Heranwachsende verloren in diesen Jahren jeden Halt, streunten herum oder wurden von den Erwachsenen dazu angehalten, sich beim Schmuggeln von Schwarzmarktgütern zu betätigen.
Schwierig war die Lage für die Mütter dieser Kinder, wie für die Frauen im allgemeinen. Das Dritte

89 *Militärtribunal in Lindau. Der Hauptprozeß gegen Kriegsverbrecher fand in Rastatt statt.*

90 *Deutsche Kriegsgefangene in Lindau. Hunderttausende wurden nach Frankreich abtransportiert.*

91 *Internierungslager für NSDAP-Mitglieder in Rottweil.*

92 *...Schieber aber schlemmen auf unsere Kosten: Anti-Schwarzmarkt-Plakat.*

Reich hatte sie nach bescheidenen Emanzipationsversuchen während der Weimarer Republik zurück an den Herd gedrängt. Noch in «Friedenszeiten» hagelte es Mutterkreuze, aber nicht einmal die fanatischsten Anhänger des Hitler-Staates wie das SS-Offizierkorps, produzierten den Kindersegen, den das Regime für seine Weltherrschaftspläne benötigte. Als man sehr spät, ab 1942, zu einer echten Kriegsproduktion überging – vorher hatte die Parole «Butter und Kanonen» gelautet – brauchte man die Frauen plötzlich. Sie rückten nun in die Fabriken ein und halfen mit, den Krieg über die verlustreichsten Jahre hinwegzuführen.
1945 sahen sich viele Frauen, vielleicht Witwen geworden, zusätzlich in die Rolle des Familienvorstandes gedrängt. Folgt man den Berichten, dann waren sie es, die jetzt nicht resignierten, sondern die Ärmel aufkrempelten und sich an die Arbeit machten. Symbolisch für diese Einstellung stehen die Berliner Trümmerfrauen, die in langen Ketten

Eimer um Eimer jenes Schutts wegschafften, den die Bombennächte produziert hatten.
Das Dritte Reich machte sich umso stärker bemerkbar, weil viele Frauen keine Berufsausbildung für Branchen besaßen, in denen jetzt die Männer aufgrund der hohen Kriegsverluste und -gefangenschaft fehlten. Denn trotz der Mobilisierung der Frauen hatte das Hitlerregime die Reserven bei weitem nicht in dem Umfang ausgeschöpft, wie dies demokratisch regierten Ländern wie Großbritannien und den Vereinigten Staaten während des Zweiten Weltkriegs gelang. Außerdem verrichteten die deutschen Frauen weitgehend Hilfsarbeiten. Mancher gelang es dafür jetzt, einen qualifizierten Beruf zu erlernen, etwa im Handwerk, um das Geschäft des Mannes weiterzuführen. Es entstand in diesen Jahren unter dem Zwang der Verhältnisse ein für deutsche Erfahrungen unbekannter, selbstbewußter Frauentyp. Er bildete die entscheidende Voraussetzung für eine noch weitergehende Emanzipation der nachfolgenden Töchtergeneration. Trotzdem gab es Tendenzen, die Frauen nach dem Beseitigen der Trümmer und dem Anlaufen der Maschinen erneut zurückzudrängen, ähnlich wie heute, in Zeiten einer nicht mehr gesicherten Vollbeschäftigung.
Um es zusammenzufassen, die prekäre Versorgungslage der Französischen Zone war vor allem darauf zurückzuführen, daß die Besatzungsmacht aus deutschen Lebensmittelbeständen und laufenden, unterdurchschnittlichen Ernten mitversorgt werden mußte. Amerikaner und Engländer verfügten dagegen über eigene Bestände und die sowjetische Zone bildete schließlich auch weiterhin ein Überschußgebiet, aus dem während einiger kritischer Versorgungsphasen Agrarprodukte in die Westzonen exportiert wurden. – Die Franzosen bestanden dagegen rigoros auf den deutschen Lieferungen, unabhängig von der Marktlage. Welche ungeheuren Anforderungen das bedeutete, zeigt eine Aufstellung der Stadt Mainz für den Monat Dezember 1946. Es mußten abgeliefert werden: 10 Tonnen Schlachtvieh, 235 Tonnen Geflügelfleisch, 490 Tonnen Hafer, 1105 Tonnen Stroh, 450 Tonnen Heu, sowie 17600 Tonnen Obst und Gemüse, letztere allerdings für den Zeitraum November 1946 bis März 1947. Allein 90000 Stück Eier wurden im März 1947 den französischen Stellen übergeben. Der Wein war, von wenigen Ausnahmen abgesehen, in Rheinhessen wie auch in den ande-

93 *Schwarzmarkt. Wichtigstes Zahlungsmittel: Zigaretten.*

94 *Razzia in der Französischen Zone. Trotzdem blühte der Schwarzhandel.*

96 *Von den Russen befreit nach Jahren Konzentrationslager: politische Gefangene in ihrer Häftlingskleidung auf dem Heimweg im Sommer 1945.*

◁ 95 *Trittbrettfahrer.*

97 *Spielende Kinder. Sie mußten oft von den Lebensmittelkarten der Erwachsenen mit durchgefüttert werden.*

98 *Soldaten verteilen Schokolade in Karlsruhe.*

99 *Ablieferung von Radiogeräten in Karlsruhe.*

ren Weinanbaugebieten der Zone völlig beschlagnahmt. Damit fiel er als Kompensationsgeschäft für dringend benötigte Güter aus, vom Konsum für die Bevölkerung ganz zu schweigen.

Günstiger als in Mainz oder in Freiburg scheint die Versorgungslage der Bevölkerung von Konstanz am Bodensee gewesen zu sein. Zwar gab es auch hier Einschränkungen wie die stundenweise Stromabschaltung, aber es mußte offenbar weniger als anderswo gehungert werden, wofür die Lage an der Schweizer Grenze den wichtigsten Grund gebildet haben dürfte. Im Oktober 1945 konnten in Konstanz drei Zentner Kartoffeln pro Kopf bezogen werden. Für Kinder bis zu drei Jahren gab es 75 Kilogramm bei einem Zentnerpreis von 4,35 RM. Aufschlüsse über die Lebensbedingungen in der Bodenseestadt vermittelt vor allem die Lebensmittelzuweisung. – In der siebten Zuteilungsperiode, die vom 1. bis zum 30. November 1945 reichte, erhielt jeder Bürger 300 Gramm Brot pro Tag. Je 100 Gramm dieser Ration konnte er für 75 Gramm Nährmittel eintauschen. Jedem Konstanzer über 18 Jahren standen in diesem Monat 400 Gramm Fleisch – man denke an heutige Portionen in bundesrepublikanischen Steakhäusern! – sowie jeweils 90 Gramm Käse und Quark zu. Die Kaffee-Ersatz-Marken wurden Ende 1945 in Konstanz leicht vermehrt. Fett gab es nur in geringen Mengen, aber es war häufig in den Geschäften gar nicht vorhanden. Raucherkarten mit Abschnitten über je 20 Gramm wurden erstmalig im Dezember 1945 ausgegeben. Alle Männer erhielten jetzt 40 Gramm pro Monat in Form von Zigarren, Zigaretten und Pfeifentabak. Man war jedoch in der Zwischenzeit auch auf diesem Gebiet nicht untätig gewesen. In den Schrebergärten, an den Hauswänden und in manchem zweckentfremdeten ehemaligen Blumenbeet räkelte sich jetzt eine Pflanze, deren breite Blätter sorgsam behütet und gehegt wurden.

Als die Bewegungsfreiheit der Menschen in der Französischen Zone im Herbst 1945 gelockert wurde, erlebte das Gebiet einen nie wieder beobachteten Fahrrad-Boom. Da es Benzin nicht gab,

100 *Heimkehrer. Vielen blieb der Weg in die Französische Zone zunächst versperrt.* ▷

H·Schaal

101 *Interview des Reporters Josef Saller mit Straßenbahnschaffnern. Zeichen einer Normalisierung der Verhältnisse.*

war das zweirädrige Gefährt ein unentbehrliches Fortbewegungsmittel. Ironischerweise wurde es von den offenbar nicht ausgelasteten Behörden wie ein Auto behandelt. Sie stellten Erkennungsschilder aus, die man bei der Polizei für 2,50 RM kaufen konnte. Heere von Radfahrern bevölkerten jetzt die Städte und das platte Land, denn schätzungsweise jeder dritte Bewohner der Zone bediente sich der Pedale. Wie es sich gehörte, war das Format des Nummernschildes und die Stelle am Schutzblech des Hinterrades, wo es befestigt werden mußte, genau vorgeschrieben. So strampelte man dann, weniger aus Freude am Fahren und an der frischen Luft, als aus purer Notwendigkeit. Viel zu häufig mußte der Drahtesel zu allem Überfluß auch noch wegen Überladung geschoben werden.

Viele Menschen, vor allem Männer, konnten nicht

mehr radfahren, selbst wenn sie es gewollt hätten. Sie waren kriegsbeschädigt. Damaligen Schätzungen zufolge gab es mindestens 2 Millionen Deutsche, die dieses Schicksal erlitten hatten. Folglich traf es auch auf eine sechsstellige Zahl von Bewohnern der Französischen Zone zu. – Die Versorgung mit orthopädischem Material war vor allem bei den Franzosen äußerst schlecht. Dort mußte man auf Spezialschuhe mindestens 18 Monate warten, während es bei den Amerikanern nur 3 Monate dauerte. Auf den Ämtern waren Bittsteller zu beobachten, die ein Jahr lang, Woche um Woche vergeblich, nach dem für sie unentbehrlichen Hilfsmittel fragten. Wiesen sie, wie zur Bekräftigung, darauf hin, daß das alte Paar nicht mehr reparaturfähig sei, wurde ihnen nicht einmal zynisch beschieden, daß sie eben zu Hause bleiben müßten. Der entstehende Verdienstausfall, wenn man schon Arbeit hatte, wurde von der Behörde übernommen. Er betrug ungefähr 35 RM monatlich.

Im Gegensatz zur Zeit nach dem Ersten Weltkrieg herrschte jetzt keine Heroisierung der Kriegsbeschädigten, keine Veteranen- und Kriegervereine, die das individuelle Leid auffingen. Auch für die Spätheimkehrer der Jahre 1955/56 gab es keine Girlanden und Blaskapellen. Der 1945 zu Ende gegangene Krieg, die danach bekannt gewordenen, im deutschen Namen begangenen Verbrechen in den Konzentrationslagern und hinter der Front, hatten neue Kategorien geschaffen. Das törichte Gerede

102 *Beim Einkauf mit Lebensmittelmarken. Manchmal waren sogar die offiziell zugeteilten Rationen nicht zu haben.*

von der Unvermeidbarkeit der Stahlgewitter und vom deutschen Über-Soldaten war verstummt. Wolfgang Borchert hat die damalige Stimmung in seinem Theaterstück «Draußen vor der Tür» in der Figur des Beckmann in eindringlicher Art und Weise festgehalten.
Diejenigen, die das Glück gehabt hatten, den Krieg unversehrt zu überstehen, versuchten jetzt, ihre Hungergefühle zu bekämpfen und Arbeit zu finden. Es überrascht nicht, daß die durchschnittliche Arbeitsfähigkeit eines Arbeiters in den ersten Nachkriegsjahren auf etwa ein Drittel gegenüber der Vorkriegszeit absank. Obwohl in der Französischen Zone der sprichwörtliche «Schaffer» zu Hause war und ist, der Albbauer, der Facharbeiter in Reutlingen, der Kaufmann in Freiburg und der Winzer in Neustadt, sah es auch hier nicht anders aus. Sofern die Industrie in der Lage war, ihre Produktion wieder aufzunehmen, fertigte sie Gegenstände an, für die einerseits die nötigen Rohstoffe und andererseits der Bedarf vorhanden waren. – Im Konstanzer Raum stellte man etwa Kochherde mit Kohlenfeuerung, Haushaltsgeräte aus Holz und Handwagen her.
Von einem einheitlichen wirtschaftlichen Aufschwung und einer vergleichbaren Beschäftigungslage in allen Teilen der Französischen Zone kann jedoch keine Rede sein. Zu unterschiedlich war die Situation an den einzelnen Orten, der Mangel an Strom, Gas, Kohle, Rohstoffen und Transportmöglichkeiten. Ebenso verliefen die Warenentnahmen und die Demontagepolitik der Besatzungsmacht

103 *Elternlose Flüchtlingskinder aus Dänemark. Sie wurden in Kinderheimen in der Französischen Zone untergebracht.*

104 *Schulkinderspeisung – Überlebenshilfe und Garantie gegen Schulschwänzen.* ▷

auch nicht überall einheitlich. In Reutlingen erreichte die Industrieproduktion Ende 1945 z.B. 10% des Vorkriegsstandes und konnte das Ergebnis ein Jahr später bereits verdoppeln. Aber erst mit der Währungsreform Mitte 1948 wurden wieder Werte erzielt, die an frühere Resultate heranreichten. Die Beschäftigungslage in der württembergischen Stadt entwickelte sich ähnlich. Sie fiel von einem 1939er Stand von 29000 Personen auf 7000 im Sommer 1945. Ende 1946 waren es wieder 16000 und im September 1948, ein Vierteljahr nach der Währungsreform, verschaffte die Reutlinger Wirtschaft wieder über 20000 Menschen Brot und Arbeit. In Handel und Handwerk lief die Entwicklung vergleichbar ab.

Eine Ausnahmesituation bestand für die saarländischen Bergleute, auf deren tägliche Förderleistung die französische Besatzungsmacht ganz besonders angewiesen war. Neben der allgemeinen Lebensmittelkarte erhielten sie 1947 570 Gramm Fleisch, 300 Gramm Nährmittel und 390 Gramm Butter zusätzlich. Der Löwenanteil dieser Zuschläge wurde in den Kantinen zu einem nahrhaften Gemeinschaftsessen verarbeitet. Pro Untertagefahrt gab es außerdem das im deutschen Südwesten beliebte «Viertele» Wein, etwas Tabak, sowie kleinere Mengen an Honig und Fisch. Schuhe und Arbeitskittel, ein weiteres Privileg, stellte der Arbeitgeber. Dennoch fanden die Kumpel, die zusätzliches Geld durch Akkordarbeit verdienen konnten, ihr Einkommen sei aufgrund der hohen Preise zu niedrig. Nur mit dem Essen zeigten sie sich zufrieden, was nicht verwundert, denn die Familien konnten an diesem «Reichtum» etwas teilhaben. Davon abgesehen war an der Saar der Alltag trostlos. Saarbrücken war zu 75% zerstört. Seine Bevölkerung hatte seit 1939 zu leiden gehabt, als die Stadt wegen der Grenzlage geräumt werden mußte.

Maueranschläge, Pressezensur und Radfahrer, dazu der Hunger und das Elend der Massen – Verhältnisse in der Französischen Zone, die dem heutigen Betrachter wie ein Leben in China anmuten. – Was die Deutschen damals jedoch mitunter vergaßen, oder, weil sie keinen Anteil am Weltgeschehen nehmen konnten, auch nicht wußten, war, daß ihr Land diese Situation verschuldet hatte und daß die Lage bei den Siegern Sowjetunion, Großbritannien und Frankreich, natürlich nicht in den USA, für die Bevölkerung auch hart war. In Osteuropa gab es 1945 mehr zerstörte Städte als in den vier deutschen Besatzungszonen. Ruinen bestimmten auch manches Stadtbild in England und in Frankreich, und wenn man Dresden und Hiroshima nennt, sollte man im gleichen Atemzug Leningrad erwähnen, die Stadt an der Newa, deren Bevölkerung die höchsten Kriegsverluste und die schwersten Entbehrungen erlitten hat. Auch hier gab es Kriegerwitwen, Kriegsbeschädigte und eine Rationierung von Lebensmitteln, die mitunter erst später als in der bald wirtschaftlich prosperierenden Bundesrepublik aufgehoben wurde. Es war daher gewiß nicht zynisch gemeint, wenn etwa führende Mitglieder der britischen Besatzungsmacht den Zustand ihrer Zone, die wohlgemerkt mehr als die Französische unter dem Krieg gelitten hatte, bei weitem nicht so besorgniserregend fanden, wie bislang in London angenommen. – Es mag ein Quentchen von Selbstgefälligkeit und Selbstmitleid bei den Deutschen gegeben haben, die sich jetzt sagten, mißtrauisch dabei die Besatzungsmacht musternd: Ihr habt uns geschlagen und uns unserer staatlichen Existenz beraubt. Bitte sorgt jetzt auch für unseren Lebensunterhalt und unsere Zukunft, wenn wir schon keine Rechte mehr haben…

6. Französische Demontage- und Wirtschaftspolitik

Wenn man in Baden auf die Zeit der französischen Besetzung zu sprechen kommt, gehört der folgende Ausruf zu den spontansten Reaktionen: «Die wollde uns domals de ganze Schwarzwald abholze.» In der Tat gehört diese Aktion zu den unangenehmsten Erinnerungen der Bevölkerung. Es gibt bei ihr, möglicherweise intensiver als anderswo, eine Verbundenheit mit der Landschaft und der Natur, die sich erst kürzlich wieder offenbarte, als es in Wyhl am Kaiserstuhl um den Bau eines Kernkraftwerkes ging. Während im benachbarten Schwaben, ebenfalls in einem Weinanbaugebiet, die Errichtung eines Atommeilers ohne größere öffentliche Aufwallungen ablief, zerrissen die Bauern in der Umgebung von Wyhl, traditionell konservativ gesinnt, sogar ihre Parteibücher. Mancher Beobachter glaubte, Spuren jenes Republikanismus wiederzuentdecken, der Baden nach 1789 bis 1848 im Vergleich zum übrigen Deutschland auszeichnete. – Selbst für den unbefangenen Betrachter sah es 1945/48 so aus, als wenn die Franzosen ihren Deutschland-Aufenthalt dazu benutzen wollten, um den Baumbestand ihrer Zone mitzunehmen. 12 Prozent ihrer Fläche bestand aus Waldgebieten. Mit dem Abholzungsprogramm, das bereits kurz nach dem Einmarsch gestartet wurde, ging der Forsteinschlag im deutschen Südwesten bald um 350% über die normalen Hiebansätze hinaus. Man machte sich zunächst die Arbeit sehr leicht, indem man die Alleebäume fällte. Dann wurden Holzfällertrupps aus der Schweiz und aus Frankreich engagiert, die sich zur großen Erbitterung der Einheimischen an die Arbeit machten. Um allem noch die Krone aufzusetzen, wurden ihre Löhne auf die Besatzungskosten abgewälzt.

Holz war zu dieser Zeit ein äußerst begehrtes Produkt, das auf dem Weltmarkt nur für kostbare Devisen in beschränktem Umfang zu haben war. Es wurde in vielen Ländern für die Beseitigung der Kriegszerstörungen gebraucht. Die Franzosen verfolgten in ihrer Zone wirtschaftlich zwei Ziele: auf der einen Seite eine Demontagepolitik zur Wiedergutmachung und Eintreibung von Verlusten, die sie durch die deutsche Besatzung zwischen 1940 und 1945 erlitten hatten. Auf der anderen Seite brachten sie die deutsche Wirtschaft mit der Absicht in Gang, sie für ihr Land und die Bedürfnisse der französischen Industrie arbeiten zu lassen. Diese befand sich im Grunde genommen seit 1918 in einer zunehmenden Stagnation. Schuld daran hatten die hohen Verteidigungsausgaben, etwa für den Bau der Maginot-Linie, eine ungünstige Zusammensetzung in der Altersstruktur der arbeitenden Bevölkerung, sowie ein geringer technologischer Fortschritt auf allen Gebieten. Der Außenhandel wies fortlaufend rote Zahlen aus.

1945 hatte Frankreich vor allem Bedarf an Energie, wofür die Kohlevorkommen an der Saar und Elektrizitätslieferungen in Frage kamen. Außerdem benötigte das Land dringend Stahl, Werkzeugmaschinen, Holz und Chemikalien, die nur knapp oder zu hohen Preisen auf dem Weltmarkt zu haben waren.

Bis zum 1. September 1945 war die französische Regierung nicht gezwungen, Entnahmen aus der laufenden Produktion und dem vorhandenen Anlagenbestand über das Reparationskonto abzurechnen. Eine spezielle Abteilung der 1. Armee, die «section T», war in diesen Wochen damit beschäftigt, für den Abtransport geeignete Güter zu erfassen. Neben dieser Art von Kriegsbeute hatte Frankreich natürlich auch das Recht auf Beschlagnahme aller Gegenstände, die die Deutschen während des Krieges aus Frankreich abtransportiert hatten. Das Meiste stammte aus dem Elsaß und aus Lothringen und ging jetzt, sofern es noch existierte, dorthin zurück. Abgesehen von Materialien aus der Industrie, etwa Werkzeugmaschinen der Automo-

105 *Zerstörte Industrieanlagen (BASF) in Ludwigshafen.*

bilfirma Peugeot, handelte es sich vor allem um Hausinventare, Pferde, Vieh, Traktoren und landwirtschaftliche Produkte. Manches Gemälde fand aber auch seinen Besitzer wieder, nachdem die Nationalsozialisten die Jahre der Besatzung für einen systematischen Kunstraub genutzt hatten. Viele Parteigrößen, voran Göring, hatten sich beim «Sammeln» überboten. In Linz, wo Hitler seine Jugendjahre verbracht hatte, war ein «Europäisches Kunstzentrum» geplant gewesen, wo der Löwenanteil der Kunstbeute seinen Stellplatz und Bildhaken gefunden hätte. Wie detailliert die «Nachkriegsplanungen» der Paladine des «Führers» waren, zeigt sich an einem scheinbar belanglosen Detail wie der Absicht, München als Nachfolgerin von Paris zum Zentrum der europäischen «Haute Couture» zu machen. – Vorsichtigen Schätzungen zufolge sind aus der Französischen Zone Restitutionsgüter im Wert von 72 Millionen RM, berechnet auf der Basis des Jahres 1938, nach Hause zurückgeflossen.

Seine eigenen Kriegsverluste bezifferte Frankreich auf 160 Milliarden RM, ebenfalls auf das Jahr 1938 bezogen. Im Einzelnen warf man den Deutschen vor, 80 000 Werkzeugmaschinen abgebaut und die eigene Industrie für die deutsche Rüstungsproduktion eingesetzt zu haben. Gleichzeitig habe ein

106 *Bezugsschein für Düngemittel. Das Ernteergebnis war 1945 sehr schlecht ausgefallen.*

Düngerkarte

Landwirt: .... in: ....

Gemeinde: .... Kreis: ....

Zuständiges Düngemittelbüro: ....

Selbstbewirtschaftete Flächen	Ackerland		Garten- und Obstanlagen		Wiesen u. Weiden		Weinberge		Landw. Nutzfläche	
	ha	ar	ha	ar	ha	ar	ha	ar	ha	ar
im eigenen Betrieb										
hinzugepachtet										
Zusammen:										

Düngerkontingente

		Name und Ort der Lieferfirma	Reinstickstoff (N) kg	Reinphosphorsäure (P_2O_5) kg	Reinkali (K_2O) kg
Grundkontingente 1943/44		1)			
		2)			
		3)			
		Zusammen:			
	das sind	je ha landw. Nutzfläche kg			
		je ha Ackerland kg			
Sonderzuteilungen für		ha ar			
		ha ar			
		ha ar			
		ha ar			

Bescheinigung des Bürgermeisteramtes:

................, den .... 1946. (Dienstsiegel und Unterschrift)

107 *Ablieferungsformular für Landwirte. Die Franzosen bestanden auf Lieferungen unabhängig vom Ernteergebnis.*

Wichtig! Aufheben!

An die umstehende Adresse!

Betrifft: Ablieferungssoll 1946

Sie haben aus der Ernte 1946 abzuliefern:

Getreide: Roggen .... Dztr.
Weizen .... Dztr.
Gerste .... Dztr.
Hafer .... Dztr.
Kartoffeln: Frühe .... Dztr.
Späte .... Dztr.
Ölfrüchte .... Dztr.

Landwirtschaftsstelle:

.... (Ort) (Datum)

108 *Demontage bei der BASF in Ludwigshafen. Von den 110 Werken, die bis 1949 abgebaut wurden, erhielten die Franzosen lediglich 22.*

109 *Aufräumungsarbeiten in Ludwigshafen. An vielen Orten wurden dazu alle männlichen Einwohner zwangsverpflichtet.*

110 *Zerstörte Werkhallen in Ludwigshafen. Allein auf dem Gelände der BASF lagen 400 000 Kubikmeter Schutt.*

111 *Beschlagnahmte Fahrräder – bald darauf das wichtigste Verkehrsmittel mit Registrierpflicht.*

113 *Arbeitseinsatz in Reutlingen. Für ehemalige NS-Mitglieder gab es den sog. «Montagsappell».* ▷

112 *Zerstörte Rheinbrücke in Ludwigshafen. Nur die Brücke bei Remagen fiel den Alliierten unzerstört in die Hände.*

Produktionsverbot für bestimmte Industriezweige gegolten. Außerdem stellte Paris die durch alliierte Luftangriffe entstandenen Verluste und Schäden in Rechnung, zu denen die verlorengegangenen Vermögen von Résistance-Mitgliedern und von jüdischen Mitbürgern hinzukamen. Allein für die französische Industrie ergab sich dadurch eine Schadenssumme von etwa 21 Milliarden RM.
Im Gegenzug erhielt Frankreich jetzt das Recht, 22,8 % aller deutschen Reparationen aus Industrieausrüstungen und aus der Handelsschiffahrt zu empfangen. Außerdem standen Paris 16 % aller Leistungen aus Bankguthaben, Gold, Wertpapieren und aus Grundbesitz zu. Da die Alliierten ihre An-

sichten über das Ausmaß der Demontage bald milderten, wurden bis zur Gründung der Bundesrepublik im Mai 1949 nur 40 % der für den Abtransport vorgesehenen Anlagen in der Französischen Zone abgebaut. Insgesamt wurden zwischen 1946 und 1949 110 Werke demontiert. Von ihnen erhielten die Franzosen lediglich 22. Der Rest ging in den Besitz der anderen drei Großmächte und der Staaten über, die Kriegsverluste gegenüber Deutschland geltend machen konnten. Dazu gehörten auch Länder wie Ägypten, Indien, die Südafrikanische Union und Neuseeland.

Durch diese Reparationspolitik, deren Grundzüge auf der Konferenz von Jalta beschlossen worden waren, sollte das deutsche Rüstungspotential ein für allemal vernichtet und eigene Kriegsschäden soweit wie möglich ausgeglichen werden. Die Vereinbarungen der Sieger erwiesen sich bald als eine Fiktion. Nicht nur die Sowjetunion betrieb eine Demontagepolitik auf eigene Faust, auch Frankreich scherte sich nicht um Abmachungen. Dadurch ergab sich quasi automatisch eine Frontstellung gegen amerikanische und britische Bestrebungen, Deutschland trotz der Aufteilung in vier Zonen als wirtschaftliche Einheit weiterbestehen zu lassen. Es sollte jedoch bis 1948 dauern, bis dieses Prinzip wenigstens für die drei Westzonen Anwendung fand.

Die französische Demontagepolitik stieß bei der deutschen Bevölkerung vor allem deswegen auf Widerstand, weil sie lokal schwere Folgen hatte. Dagegen schlug der Abbau von Fabriken in absoluten Zahlen gar nicht so entscheidend zu Buche. Aber wohin sollten Facharbeiter im Schwarzwald gehen, als ihre weltbekannten Uhrenfabriken den Beschlüssen in Paris zum Opfer fielen? Ein Ausweichen in andere Branchen war in den Kleinstädten viel schwieriger als etwa im Ruhrgebiet, weil die

115 *Trümmerbeseitigung in Tübingen. Auch die Jugendlichen müssen mithelfen.*

◁ 114 *Beschaffung von Brennholz (Reutlingen). Holz war angesichts des bevorstehenden Wiederaufbaus ein begehrtes Weltmarktprodukt. Die Franzosen steigerten daher den Holzeinschlag in der Zone um 350 Prozent.*

116 *Entrümpelung in Dillingen (Saar). Eine zu diesem Zweck verlegte Gleisstrecke erleichtert den Abtransport.*

Industriedichte in Süddeutschland viel geringer war. Für manches Schwarzwaldtal war das «Fabrikle» der alleinige Arbeitgeber. Seit der Bevölkerungsexplosion im 19. Jahrhundert und der Industrialisierung kannte man hier nichts anderes als die Not, die Generationen zuvor viele Menschen zum Auswandern in die Neue Welt gezwungen hatte. – Dadurch war eine Quelle fortwährender Auseinandersetzungen zwischen den deutschen Behörden und der französischen Militärverwaltung gegeben, die ihren Höhepunkt im August 1948 erreichten: die Regierungen von Württemberg-Hohenzollern und von Baden traten unter Protest zurück. 500000 Arbeiter befanden sich in Württemberg für 48 Stunden im Ausstand.
Die ersten Anstrengungen der Franzosen galten der Öffnung der Verkehrswege. Die Rheinbrücken wurden bis Ende 1945 gehoben, dazu bei Karlsruhe-Maxau das wichtige Verbindungsstück zwischen beiden Zonenteilen mit dem Bau einer neuen Eisenbahnbrücke geschaffen. In ersten Rechenschaftsberichten ließ man jedoch keinen Zweifel daran aufkommen, daß das Rekonstruktionsprogramm vor allem dazu diene, die Signale für deutsche Güterzüge auf freie Fahrt in Richtung französische Grenze zu stellen. Mancher Soldat entging jetzt der Gefangenschaft dadurch, daß er sich freiwillig zur Eisenbahn meldete.
Das französische Stromnetz wurde durch den Bau von zwei Überlandleitungen entlastet, die zwischen Freiburg-Kembs-Schwanstadt und zwischen Koblenz-Merzig-Landau gebaut wurden. Fortlaufende deutsche Energielieferungen waren dadurch gewährleistet. – Im völlig zerstörten Ludwigshafen setzte man alles daran, die Produktion in den chemischen Werken so schnell wie möglich wieder in Gang zu bringen. Mit den Entflechtungsverordnungen nahm man es nicht allzu genau. Schon im Juli 1946 lag die Produktion der ehemaligen IG-Farben-Fabriken bei 43% ihres Standes von 1938.
Auch der deutschen Landwirtschaft galt das besondere Augenmerk der Franzosen. Mit absoluter Priorität wurden kalorienhaltige Pflanzen, z.B. Kartoffeln, angebaut. Für die deutsche Bevölkerung gab es dennoch keine ausreichende Ernährungsgrundlage. Nahrungsmittel der gehobenen Klasse gingen nahezu exklusiv an die Besatzungsmacht. In Württemberg-Hohenzollern erhielt sie 1945 fast 75% aller Fleischlieferungen. 1946 waren es fast 60% und erst 1947, sowie in den ersten drei Monaten des Jahres 1948, kamen mit 36 bzw. 27% einigermaßen akzeptable Relationen zustande. Dennoch blieb es auch 1948 dabei, daß ein «Zonenfranzose» eine tägliche Fleischportion von 225 Gramm hatte, während der deutsche Hausnachbar darüber nicht einmal im Monat verfügte. Er kam auf ganze 200 Gramm.
Viel höher war jedoch der Wert, den die Französische Zone langfristig für Paris darstellte. Den wichtigsten Posten repräsentierte in dieser Rechnung das Saarland, ein erstklassiges Exportgebiet trotz der schweren Zerstörungen, auf dessen Rohstoffe und Produkte Frankreich dringend angewiesen war. Auch hier galten alle Bemühungen der Inbetriebnahme der Kohlegruben und Stahlhütten, um so bald wie möglich mit den Lieferungen nach Frankreich beginnen zu können. Die Saarländer erhielten mehr zu essen, als die Menschen in den übrigen Gebieten der Zone. Kriegsgefangene wurden nach Hause entlassen, um das Arbeitskräftepotential in den Schlüsselindustrien zu verstärken. Um die über dem Zonendurchschnitt liegenden Kriegsverluste auszugleichen, wanderten erhebliche finanzielle Mittel und Ausrüstungsgüter aus anderen Gebieten der Zone in das Saartal. Bereits im März 1947 erreichte das Gebiet 75% der Vorkriegsproduktion an Kohle. – Im Ruhrgebiet war das Ergebnis zu diesem Zeitpunkt erheblich ungünstiger. Nur 53% der Vorkriegsleistung wurden gefördert. Nachdem Amerikaner und Briten bereits 1947 ihr prinzipielles Einverständnis gegeben hatten, wurde die Saar schließlich am 1. April 1948, gegen den Willen der Sowjetunion, wirtschaftlich mit Frankreich verbunden. Für den verbliebenen Rest der Französischen Zone bedeutete diese Entscheidung einen schweren Rückschlag. Sie hatte bis dahin, also über einen Zeitraum von drei Jahren hinweg, die negative Handelsbilanz des Saarlandes durch eigene Exporte ausgeglichen. Nun gingen ihr die Exportüberschüsse verloren, die das wiedererstarkte Gebiet erwirtschaften konnte. Die französische Besatzungsmacht kassierte gewissermaßen einen doppelten Gewinn. Immerhin blieb das Saargebiet fortan von Demontagen verschont.
Ein grundlegender Unterschied zwischen der Französischen Zone und den beiden anderen Westzonen bestand darin, daß Paris in den ersten zweieinhalb Jahren der Besatzungszeit, also bis Ende

1947, keinen einzigen Franc in die Zone investieren mußte. Einen großen Vorteil zog Frankreich dabei aus den Pauschalzahlungen, die die Amerikaner nicht kannten und die Briten erst 1950 einführten, allerdings nur in Form einer bescheidenen Summe. In der Französischen Zone machten diese Beträge 1946 63 % der Besatzungskosten aus, ein Jahr später 49 %. 1948 waren es 41 % und 1949 stieg der Anteil sogar nochmals auf 51 % an. Vor allem nach der Währungsreform fiel es den Ländern in der Zone unerhört schwer, aus ihren Haushalten diese Beträge herauszuquetschen. Darüber hinaus verursachte es natürlich Ärger, daß der Geldgeber im Grunde genommen keinen Überblick darüber hatte, was mit dem Geld geschah. – Einen weiteren, kaum in Zahlen auszudrückenden finanziellen Gewinn trug Frankreich dadurch davon, daß auf alle deutschen Produkte ein Rabatt von 20% eingeräumt wurde. Bei einem anschließenden Weiterverkauf zu Weltmarktpreisen, etwa bei Holz, Leder- oder Chemieprodukten, gab es Gewinne, die abermals zugunsten der Besatzungsmacht ausfielen, ohne daß die Lasten für die Zone entsprechend gesenkt worden wären. Großbritannien etwa, das durch den Krieg noch stärker geschwächt worden war,

117 *Zerstörte Gleisanlagen des Reutlinger Hauptbahnhofs. Dem Schienennetz galten in der Schlußphase des Krieges gezielte alliierte Bombenangriffe. Beim deutschen Rückzug wurde noch mehr in die Luft gejagt.*

118 *Behelfsbrücke über den Rhein bei Koblenz.*

wenn man die Ausgangsposition zugrunde legt, investierte in seiner Zone 1946 allein 80 Millionen Pfund, zu einer Zeit, als die britische Währung noch 20 RM entsprach. Zwar gab es im Londoner Unterhaus deswegen häufig scharfe Debatten, die jedoch an der finanziellen Belastung für das Inselreich nichts änderten. Der Marshall-Plan brachte hier Abhilfe. Großbritannien erhielt mit über 3,5 Milliarden Dollar den größten Betrag.
Erst 1948 geriet die französische Zonen-Bilanz in die roten Zahlen, die jedoch Marshall-Gelder abdeckten. Weitere Zuschüsse aus Paris gegen Ende der Besatzungszeit glich die Regierung Adenauer 1953 durch Zahlung eines einmaligen Betrages in Höhe von fast 50 Millionen DM aus. Im Bundestag gab es darüber erregte Debatten und manche bittere Erinnerung an die Jahre der Besatzungszeit wurde wieder lebendig.
Carlo Schmid brachte die aufgestauten Gefühle zum Ausdruck, als er am 18. Januar 1951 im Bonner Parlament darauf verwies, daß Württemberg-Hohenzollern die Hälfte seines Etats für Besatzungskosten ausgeben mußte. Während in der Britischen Zone 1949 pro Einwohner 77 DM aufge-

119 *Besuch des französischen Militärgouverneurs Brozen-Favereau in Zweibrücken, links Oberbürgermeister Roth. Als spontane Reaktion auf die hier gewonnenen Eindrücke setzte sich der Offizier für die Freigabe von 750 000 Ziegelsteinen ein.*

120 *Deutsche Kriegsgefangene beim Arbeitseinsatz in Frankreich (Royan).*

bracht wurden, in der Amerikanischen 92 DM, war es in der Französischen Zone ein Betrag von 104 DM. – Am 26. April 1951 zitierte Schmid im Bundestag einen Bericht des Generaldirektorats für Wirtschaft und Finanzen in Baden-Baden. Danach hatte Frankreich in den ersten Besatzungsjahren durch den Rabatt beim Ankauf deutscher Produkte 10 Millionen Dollar verdient. Andere Geschäfte mit Hilfe der Kontrollbehörde für den Zonenhandel (OFICOMEX) hatten den Profit auf den Betrag von 336,7 Millionen Dollar getrieben. Ein weiteres Plus für die lange Zeit positiv gebliebene französische Zonen-Bilanz ergab sich auch durch das vergleichsweise geringe Kontingent an Flüchtlingen, das schließlich aufgenommen wurde. Insgesamt fanden bis Ende 1948 knapp 200000 Menschen in der Französischen Zone eine neue Heimat. In Schleswig-Holstein, dem durch die Briten gebildeten Land, war damals dagegen jeder dritte Einwohner ein Flüchtling.

Die wirtschaftliche Behandlung der Zone war in Frankreich nicht umstritten. Quer durch die Parteien bestand Übereinstimmung, sich für die entstandenen Kriegsverluste an der Zone und am herausgelösten Saarland schadlos zu halten. Zum Abschluß einer Rundreise durch die Französische Zone ging General de Gaulle am 5. Oktober 1945 in Baden-Baden so weit, die Besatzung als eine wirtschaftliche und moralische Vereinigung jener Zonengebiete mit Frankreich zu bezeichnen, die eine geographische Einheit mit seinem Land bildeten. Gemeint war natürlich das linksrheinische Gebiet. Annexionsgelüste verneinte er zwar ausdrücklich, doch erklärte der General weiter, es werde sich von jetzt an um eine ständige Anwesenheit Frankreichs in Deutschland handeln, «une présence, un contrôle indéfini».

7. Der politische Neubeginn

Man wird heute, aus der Sicht der endlosen Diskussionen in der Bundesrepublik über den «Radikalenerlaß», der auch die Gemüter im Ausland bewegt, die Entnazifizierung nach 1945 anders als noch vor Jahren beurteilen müssen. Zwei Folgerungen scheinen erlaubt. Es stünde nicht schlecht an, Gelassenheit gegenüber jungen Menschen an den Tag zu legen, die inmitten einer saturierten Gesellschaft bei ungünstigen eigenen Zukunftschancen radikale Forderungen erheben. Diese entspringen nicht nur einem verständlichen Idealismus, sondern stellen zugleich Warnungen an die Gesellschaft dar, mit der Gedankenlosigkeit angesichts veränderter Lebensbedingungen endlich Schluß zu machen. Gleichzeitig sollte man sich aber auch fragen, ob es Sinn hat, die über 50jährigen wegen einer bloßen Mitgliedschaft in einer verbotenen Partei an den Pranger öffentlicher Erregtheit zu stellen. – «Geschichte», so schrieb ein Esslinger Historiker in der «Frankfurter Allgemeinen Zeitung», «darf, muß man vergessen dürfen. Dann nämlich, wenn man, um ein Wort Mitscherlichs zu variieren, wieder fähig geworden ist, zu trauern».

Fest steht, daß die Entnazifizierung in Deutschland nur höchst unvollkommen gelungen ist und die damaligen Unterlassungen immer wieder die innenpolitische Diskussion bestimmt haben. Mal waren es Richter, die wegen ihrer Schandurteile vorzeitig in Pension geschickt wurden, mal der KZ-Arzt, der mit Wissen der Behörden unter falschem Namen weiter praktizierte, vor allem jedoch die allmählich die Öffentlichkeit abstumpfende Prozeßflut gegen Menschen, die sich im Auftrag des NS-Regimes als Massenmörder betätigt hatten. Zum Schluß gerieten, wie bereits in den fünfziger und sechziger Jahren, führende Politiker der Bundesrepublik auf den Prüfstand, auf dem ihre Vergangenheit ermittelt wurde. Einer von ihnen zeigte keine Reue, verwikkelte sich in Widersprüche und mußte schließlich seinen Hut nehmen. Vorausgegangen waren jedoch Monate, in denen die nationale Selbstzermarterung kein Ende nehmen wollte. – Wie leicht haben es sich vergleichsweise die Japaner gemacht. Sie hielten einen einzigen Prozeß ab, der zu einer Reihe von Todesurteilen führte. Seitdem gibt es eine Vergangenheitsbewältigung nicht einmal mehr in der Geschichtswissenschaft des Landes, obwohl die japanische Kriegführung in Ostasien keineswegs so verlief, wie der Film «Die Brücke am Kwai» zu suggerieren vermag.

Nachdem die Bundesrepublik mittlerweile 30 Jahre alt ist, muß vielleicht noch einmal erklärt werden, warum nach 1945 eine Entnazifizierung nötig war. Es ging nicht ohne sie, weil die 12 Jahre der Hitler-Diktatur auch nicht das Werk eines Mannes gewesen waren. Das Dritte Reich brauchte Helfershelfer, vor allem aber einen Unterdrükkungsapparat, der eine entschlossene Opposition knebelt, während die Masse der Mitläufer abseits steht. – Experimente in den USA haben gezeigt, daß es in jeder Gesellschaft eine 5–10 Prozent starke Gruppe von Menschen gibt, die widerstandslos Befehle bis hin zum Mord befolgen würden. Um die Deutschen zwischen 1933 und 1945 in Schach zu halten, bedurfte es aber weitaus weniger Täter, als die rechnerisch sich ergebenden 3–6 Millionen. Vielleicht reichte bereits ein Prozent der damaligen Bevölkerung aus. Der Rest war autoritätsgläubig und verdrängte alle Anzeichen, die früh darauf hinwiesen, daß sich Hitlers Herrschaft in Richtung auf eine nationale Katastrophe zubewegte, die gleichzeitig auch die europäische Landkarte verändern würde. Indizien gab es genügend: erste Verhaftungen, Sondergesetze bis hin zum Ermächtigungsgesetz, das Parteienverbot, den Röhm-Putsch, die Nürnberger Rassengesetze, die Reichskristallnacht, das Geschehen hinter der Ostfront, das Verschwinden jüdischer Mitbürger, den 20. Juli 1944, die täglichen Sendungen der BBC. Nur eine Gruppe der Gesellschaft – neben zahlreichen Einzelgängern aus allen Schichten – raffte sich zum Widerstand gegen Hitler und das Regime auf. Ironischerweise war es jener preußisch-ostelbische Adel, in dessen militärischem Teil von den Siegern der «Hort des deutschen Militarismus» vermutet wurde. Preußen hörte 1945 auf zu bestehen, obwohl nicht wenige hinter dem «Preußenschlag» von 1932, eine Art von Zwangsaufsicht des Reiches über sein wichtigstes Land, den entscheidenden Dammbruch sehen, der zum 30. Januar 1933 führte.

Es gab 1945 daher viele Menschen in Deutschland, die sich endgültig für eine Übernahme neuer Aufgaben in einem freiheitlichen, demokratischen Staat disqualifiziert hatten. Die Prominentesten unter ihnen wurden 1946 in Nürnberg und in Folgeprozessen verurteilt, mancher zum Tod. Gleichzeitig liefen in den vier Besatzungszonen Säuberungen an, um Anhänger des Regimes aus dem öffentlichen Dienst und der Wirtschaft, den wichtigsten Bereichen, zu entfernen. Nicht nur zwischen den Zonen, sondern auch innerhalb der vier Gebiete traten dabei erhebliche Unterschiede in der Überprüfungspraxis und den anschließenden Maßnahmen auf.

Am konsequentesten und sinnvollsten ist die Entnazifizierung, wie Klaus-Dietmar Henke in seiner demnächst als Buch erscheinenden Dissertation: «Entnazifizierung in der Französischen Zone» nachgewiesen hat, in Württemberg-Hohenzollern betrieben worden. Jedoch haben mancher Winkelzug der Besatzungsmacht sowie veränderte Stärkeverhältnisse zwischen den deutschen politischen Parteien das Programm verwässert. Entgegen einer viel härteren Praxis bei den Amerikanern war man in Tübingen der Auffassung, eine einfache NS-Mitgliedschaft bilde keinen Entlassungsgrund. Er war erst gegeben, wenn der Überprüfte eine Funktion in einer NS-Organisation innegehabt hatte. Welche Kreise dies zog und wie tief die Verstrikkung der Deutschen mit dem Dritten Reich ging, zeigt sich an der Zahl von 2000 Entscheidungen, die die Ausschüsse allein in Württemberg-Hohenzollern pro Woche zu fällen hatten.

Bei der Entnazifizierung ergab sich für die Franzosen erneut das Problem, daß sie weitgehend ohne Vorbereitung ihre Kontrolle über die Zone angetreten hatten. Politische Säuberung hieß ja, eine Vorstellung darüber zu besitzen, wie es zum Dritten Reich gekommen war und welche Schlußfolgerungen man daraus für ein Nachkriegsdeutschland zog. Galt es, die Deutschen als Nation für die begangenen Verbrechen zur Verantwortung zu ziehen oder nur den Teil, der das Regime aktiv unterstützt hatte? – Es blieb Paris zunächst nichts anderes übrig, als sich dem amerikanischen Entnazifizierungsprogramm anzuschließen, das von einem personalen, individuellen Verständnis von Schuld ausging. Grundlage war das mehrfach überarbeitete «Handbook for Military Government in Germany», das auszugsweise ins Französische übersetzt wurde und mangels eigener Direktiven noch Monate nach der deutschen Kapitulation den Leitfaden für die Behörden bildete. Erst zwei Beschlüsse des Alliierten Kontrollrates vom 12. Januar und vom 12. Oktober 1946 schufen so etwas wie einheitliche Ausführungsbestimmungen, so daß die Deutschen jetzt in fünf Kategorien eingeteilt wurden, was ihr Verhalten während der Hitlerzeit anging. Die Durchführung in den einzelnen Zonen blieb aber dennoch weiterhin höchst unterschiedlich.

Ein Blick auf die Entnazifizierung in Reutlingen soll demonstrieren, wie die politische Säuberung praktisch verlief. Das Beispiel dieser Stadt eignet sich auch deswegen, weil die hier angewandten Methoden später zum Teil Nachahmung in der gesamten Französischen Zone fanden. Überprüft wurden sämtliche Parteimitglieder, alle Beamten und leitenden Persönlichkeiten der Wirtschaft. Am 1. September 1945 befanden sich 162 Personen aus der Stadt und aus dem Landkreis wegen ihrer politischen Vergangenheit in Haft. Die Gesamtzahl aller Reutlinger, die vorübergehend hinter Gitter wanderten, betrug schließlich 300. Unter ihnen befand sich zunächst die ehemalige regionale Parteiprominenz, neben dem Landrat der Oberbürgermeister, der Kreisleiter, der Ortsgruppenleiter und der Amtswalter der NSDAP. Außerdem wurden der Hitler-Jugend-Führer und die Bund-Deutscher-Mädchen-Führerin in das provisorische Gefängnis eingeliefert. Verhaftungen wurden von der französischen politischen Polizei, der «Sûreté», vorgenommen, das politische Referat der Stadt dabei angehört. Die Häftlinge faßte man in Arbeitskommandos zusammen und ließ sie anfallende Arbeiten im öffentlichen Sektor verrichten, z. B. den Bau von Baracken, sowie Wald- und Landwirtschaftsarbeit. Alle nicht inhaftierten PG's mußten bis zum April 1946 in Reutlingen zu den sogenannten Montagsappellen erscheinen. Fehlten sie unentschuldigt, liefen auch sie Gefahr, inhaftiert zu werden. Außerdem hatten sie stufenweise einen 90tägigen Arbeitsdienst zu absolvieren. Bis An-

121 *Erste politische Kundgebung in Ludwigshafen. Die Franzosen lockerten ihre Anweisungen vom Herbst 1945 an.*

122 *Der Reutlinger Oberbürgermeister Oskar Kalbfell mit französischem Offizier und Dolmetscherinnen. Er verhinderte durch seinen persönlichen Einsatz die Zerstörung der Stadt im April 1945.*

123 *Proteste gegen Teuerungswelle in Ludwigshafen – die sog. «Hungerkundgebung» 1946.*

fang 1946 traf diese Maßnahme auf 2000 Männer und 300 Frauen zu. – Reutlingen ist keineswegs eine Hochburg von Hitler-Anhängern gewesen. Vielleicht wird aber am Beispiel der 2300 deutlich, daß das Dritte Reich nicht nur die Sache von einigen Fanatikern war.

Insgesamt neigten die Franzosen jedoch dazu, die Entnazifizierung weniger missionarisch als die Amerikaner oder die Briten zu betreiben. In Paris war man auch skeptischer als in Washington und London hinsichtlich der Abstinenz der Deutschen vom totalitären Bazillus und den Möglichkeiten einer Regeneration. Man schenkte auch weniger den Angaben auf dem obligatorischen Fragebogen Glauben, als dem gesunden Menschenverstand, was sich mitunter in einem überraschend weitsichtigen Verhalten unterer Behörden- und Befehlsstränge offenbarte. Während mancher ehemalige Vichy-Mann Grauzonen in seiner jüngsten Vergangenheit durch ein besonders strammes Verhalten gegenüber den Deutschen ersetzte, waren viele jüngere Offiziere, die in der Résistance gekämpft hatten, der Meinung, mit der deutsch-französischen Erbfeindschaft müsse endlich Schluß sein. – In der Realität sah es dann aber häufig so aus, daß Deutsche, die beim britischen oder amerikanischen Spruchkammerverfahren gescheitert waren, in der Französischen Zone beruflich Unterschlupf fanden. Gerade im Bereich der Wirtschaft wurden manche Kontakte zwischen Franzosen und Deutschen geknüpft, die die offiziellen Anordnungen unterliefen. Ähnliches wird allerdings auch aus den beiden anderen Westzonen berichtet. In Paris scheint prinzipiell die Devise gelautet zu haben, daß alle anderen Überlegungen einem reibungslosen Ablauf der deutschen Produktion zugunsten Frankreichs unterzuordnen seien. – 1948 nahm der Unmut der Zonenbevölkerung über die sich hinziehende Entnazifizierung mehr und mehr zu. Die Franzosen waren jedoch davon überzeugt, die Aktion weitgehend zum Abschluß gebracht zu haben. Von den überprüften Berufsgruppen traf es die Lehrer am härtesten. Nicht einmal 50 Prozent von

124 *Gottesdienst in Stuttgart. Den Kirchen fällt in dieser Zeit materieller und geistiger Not eine wichtige Rolle zu.* ▷

125 *Genehmigung für Kirchenbesuche in Trier. (Man beachte die falsche Übersetzung von frz. «culte» = Religionsausübung, Gottesdienst).*

ihnen konnten zunächst ans Katheder zurückkehren. Alle wurden später allerdings rehabilitiert.
Die Entnazifizierung, so sah man es bei den drei westlichen Demokratien übereinstimmend, war die unabdingbare Voraussetzung für eine Neubelebung des öffentlichen und politischen Lebens in den Zonen. Frankreich zeigte sich jedoch zurückhaltender bei der Wiederzulassung von Parteien als die anderen drei Siegermächte. Während die Amerikaner schon wenige Wochen nach der deutschen Kapitulation hier und da örtlich Wahlen zuließen, dauerte es in der Französischen Zone bis zum Herbst 1946, bevor, allerdings dann aber in rascher Folge, Gemeinde-, Kreistags- und Wahlen zu einer verfassunggebenden Versammlung über die Bühne liefen. – Erste Kundgebungen der Parteien hatte es bereits im November 1945 gegeben. Am 13. Dezember 1945 stellte eine Verordnung des Militärgouverneurs auch offiziell die Weichen für den Neubeginn. SPD und KPD hatten aufgrund ihrer Vergangenheit und Mitgliederstruktur gewisse Startvorteile, während die Konservativen mit der Neugründung der CDU erst ein Sammelbecken schaffen mußten, das infolge der Überkonfessionalität aber nicht mehr die einseitige Orientierung des Zentrums von vor 1933 aufwies.
Erste öffentliche Versammlungen überhaupt durften die Kirchen abhalten, deren Hilfswerken jetzt gewaltige Aufgaben zufielen. Es ging nicht nur um die materielle Betreuung von Waisen, Witwen und Obdachlosen, sondern auch um eine beispiellose geistige Not. Selbst die Kirchen boten sich hierfür nur bedingt an, da vor allem Teile der protestanti-

126 *Wahlplakat der Demokratischen Partei (später FDP/DVP) in Offenburg. Der Redner war bis in die 70er Jahre in der Landespolitik aktiv.*

schen Kirche mit dem Nationalsozialismus paktiert hatten, in Fortsetzung des alten Bündnisses von Thron und Altar. Gleichzeitig waren evangelische und katholische Geistliche aber auch als mutige Kämpfer gegen das Regime aufgetreten, wofür die Namen Dietrich Bonhoeffers und des Münsteraner Bischofs von Galen stellvertretend genannt sein mögen. Die evangelische Kirche besaß zudem den Mut, sich nach 1945 kritischen Fragen über ihr Verhalten im Dritten Reich zu stellen und die Vergangenheit aufzuarbeiten.
Früher als Parteien ließen die Franzosen auch wieder Gewerkschaften zu, die sich offiziell seit dem 10. September 1945 lokal und nach Berufsgruppen getrennt organisieren durften. Auch sie standen vor schwierigen Aufgaben, denn die nationalsozia-

127 *Aufruf zum ersten demokratischen Maifeiertag nach der Zerschlagung der Gewerkschaften durch die Nationalsozialisten im Mai 1933.*

128 *Wahlplakat der SPD in Offenburg. Die Politiker der Weimarer Republik kehrten angesichts von 12 Jahren Diktatur und ausgefallener Kriegsjahrgänge an die Hebel der Macht zurück.*

listische Zwangsorganisation DAF hatte ihre Kassen geplündert und ihre Pensionsfonds verschleudert. Mit den jetzt eingehenden Beträgen der Mitglieder war nicht viel Staat zu machen, da viele Zahler ausfielen und die Bereitschaft der Bevölkerung, sich zu organisieren, nach den Schreckensjahren der Diktatur nicht gerade hoch entwickelt war.
General Koenig begründete einmal, warum seine Militärregierung zunächst fünfzehn Monate lang die örtliche Verwaltung mit Hilfe einiger deutscher Hitler-Gegner betrieben hat. Eine mehrfach bankrott gegangene Firma, so der Vergleich des Militärgouverneurs, dürfe nicht sofort wieder ihren alten Eigentümern überantwortet werden. Auch in dieser Bemerkung zeigt sich das tiefsitzende Mißtrauen der Franzosen gegenüber einem Land, das

innerhalb von zwei Generationen dreimal gegen sie Krieg geführt hatte. Der Nationalsozialismus leitete sich daher für französische Empfindungen aus viel weiter zurückreichenden Ursprüngen ab. Entsprechend langfristig war eine Umerziehung und Re-Demokratisierung anzulegen.
Aus dem Nordteil ihrer Zone, der mit Trier und Koblenz früher zur preußischen Rheinprovinz, der Pfalz zu Bayern, Rheinhessen zu Hessen, sowie vier weiter nördlich gelegenen rechtsrheinischen Landkreisen zu Hessen-Nassau gehört hatte, schufen die Franzosen am 30. August 1946 ein neues Land: Rheinland-Pfalz. Regierungssitz war zunächst Koblenz, bald darauf aber schon die heutige Landeshauptstadt Mainz. Nur das Saarland, dem eine gesonderte Entwicklung bevorstand, blieb von dieser Regelung ausgespart. Es stieß erst am 1. Januar 1957 mit knapp achtjähriger Verspätung als elftes Bundesland zur Bundesrepublik Deutschland. Im Südteil der Zone wurden zwei Länder gebildet: Baden mit Regierungssitz in Freiburg und Württemberg einschließlich der preußischen Enklave Hohenzollern und des bayerischen Landkreises Lindau zum Land Württemberg-Hohenzollern mit Regierungssitz in Tübingen. Die dortige erste provisorische Regierungsmannschaft darf man zu den brillantesten politischen Ensembles im Nachkriegsdeutschland zählen. Voran Carlo Schmid, Juraprofessor, geboren im südfranzösischen Perpignan, einer der wenigen Frankreich-Kenner, die die stärker nordwesteuropäisch orientierte SPD in ihren Reihen heute noch besitzt. Er übernahm am 16. Oktober 1945 als Präsident das Tübinger Staatssekretariat. Weiter Gebhard Müller (CDU), Ministerialdirektor in der Landesdirektion der Justiz, später Ministerpräsident Baden-Württembergs und danach Präsident des Bundesverfassungsgerichtes. Als nächster wäre Otto Künzel zu nennen, Kreisvorsitzender der Reutlinger SPD, dem das Amt des Staatskommissars für die politische Säuberung übertragen wurde. Schließlich, wenn auch noch nicht im Rampenlicht stehend, Theodor Eschenburg, heute so etwas wie das öffentliche Gewissen der Bundesrepublik in Fragen der Verfassungsauslegung und der Kritik an Mißständen in Staat und Gesellschaft. Er war damals als Stellvertreter von Innenminister Renner Flüchtlingskommissar. Nach seinem Abschied von der aktiven Politik wurde Eschenburg Professor für Politische Wissenschaft an der Universität Tübingen.
Auch in den anderen Teilen der Französischen Zone kamen Persönlichkeiten ans Ruder, die lange Zeit, sei es von ihrem Landesparlament aus, sei es später in Bonn, die Entwicklung der Bundesrepublik prägten. An erster Stelle ist hier Peter Altmeier zu nennen, der als Ministerpräsident von Rheinland-Pfalz seinen Amtsvorgänger, Wilhelm Boden im Juli 1947 ablöste. Es war der jetzige Oppositionsführer im Bundestag und CDU-Vorsitzende Helmut Kohl, der die Nachfolge Altmeiers im Mai 1969 antrat! Der im Frühjahr 1979 wiedergewählte Nachfolger Kohls, Bernhard Vogel, ist somit in der 33jährigen Geschichte des Bundeslandes erst der vierte Ministerpräsident.
In Baden übernahm Leo Wohleb, ein ehemaliger Gymnasiallehrer, das Amt des Regierungschefs. Vielleicht lag es daran, daß er als Außenseiter innerhalb der CDU Badens auch gegenüber den französischen Herren nicht mit dem Nachdruck wie seine Kollegen in Tübingen auftrat, daß Baden stärker als Württemberg-Hohenzollern an der Kette der Militärverwaltung lag. Immerhin ist es Wohlebs persönlichem Widerstand zugunsten eines unabhängigen Badens zuzuschreiben, daß das Bundesland Baden-Württemberg erst 1952 gebildet wurde. Die Kritiker dieser Lösung gaben aber erst 1970 Ruhe, als bei einer Volksabstimmung, die mit erheblicher Verspätung stattfand, Gelegenheit

129 *Veranstaltungsplakat der CDU in Offenburg. Wohleb kämpfte für ein unabhängiges Baden.*

130 *Der Ministerpräsident von Rheinland-Pfalz, Peter Altmeier (im Sommer 1947). Er regierte das Land bis 1969 und wurde von Helmut Kohl abgelöst.*

131 *Regierungserklärung Altmeiers am 9. Juli 1947.*

132 *Der Vorgänger Altmeiers: Ministerpräsident Wilhelm Boden.*

133 *Erste Sitzung der beratenden Landesversammlung von Rheinland-Pfalz im Stadttheater Koblenz.*

bestanden hätte, die Entscheidung von 1952 zu revidieren.
Abgesehen von der protestantischen, SPD-orientierten Wählerschaft in der Pfalz, war die Französische Zone von Beginn an eine Domäne der CDU. Das enge persönliche Verhältnis zwischen Adenauer und de Gaulle kam nicht von ungefähr zustande, nachdem der erste deutsche Nachkriegskanzler unliebsame Erfahrungen mit den Briten gemacht hatte. Auch wenn der Kanzler als gebürtiger Rheinländer nicht die deutsche Teilung provoziert hat, wie ihm wegen seiner Westorientierung mitunter vorgeworfen wird, so ist ihm doch der Teil Deutschlands, der östlich und nördlich Braunschweigs liegt, zeitlebens fremd geblieben. – In Südwestdeutschland war der föderalistische Gedanke eben stärker als im Norden des ehemaligen Reiches verwurzelt. Es kann kein Zweifel bestehen, daß föderalistische Tendenzen innerhalb der CDU auch französischen Vorstellungen über ein Nachkriegsdeutschland weitaus mehr entsprachen als etwa der Kurs eines Kurt Schumacher. Aber auch Jakob Kaiser, lange Zeit ein ernsthafter Konkurrent Adenauers, vertrat mit seiner Theorie von der deutschen Brückenfunktion zwischen Ost und West eine Auffassung, die ihn stärker vom späteren Kanzler als vom SPD-Vorsitzenden trennte. Französische Versuche, separatistische Bewegungen zu fördern, sind dagegen, ganz im Gegensatz zur Zeit nach dem Ersten Weltkrieg, fehlgeschlagen.
Die Hauptaufgaben der gewählten Landtage in der Französischen Zone bestanden bis zur Gründung der Bundesrepublik im wesentlichen darin, die Versorgung der Bevölkerung mit Lebensmitteln zu sichern. Außerdem überwachten sie Rationierungsmaßnahmen, kümmerten sich um Wohnraumbeschaffungsprogramme und um die Wiederbelebung der Wirtschaft. In den Parlamenten am meisten diskutiert wurde jedoch die Aufstellung des Haushaltes. Dabei stand der Anteil, der direkt oder indirekt an die Besatzungsmacht ging, natürlich im Mittelpunkt der Auseinandersetzungen. Umstritten zwischen den Parteien war ferner die Entnazifizierung, sowie die Schul- und die Agrarreform. Die besondere Krux bestand darin, daß es in einigen Gebieten der Zone Großgrundbesitz gab, den man aufteilen wollte, in anderen Gegenden aber die Besitzzersplitterung das viel typischere Problem darstellte. Trotz heftiger Debatten blieb schließlich nahezu alles beim Alten. Trotz der französischen Reservatrechte war seit 1947 unverkennbar, daß die Eigenverantwortung der gewählten deutschen Vertretung gegenüber der Besatzungsmacht zunahm. Vor allem die Diskussion über Annahme oder Ablehnung der Marshall-Plan-Hilfe führte dazu, daß Frankreich sich mehr und mehr amerikanischen Vorstellungen wider-

134 *Wahlplakate. Noch geht es um die Sicherung der Existenz.*

strebend zu fügen hatte. Dies bedeutete auch, die zunächst abgelehnte Fusion mit der amerikanisch-britischen Bizone einzugehen. Den Landtagen erwuchs bei dieser Entwicklung, an deren Ende die Gründung der Bundesrepublik stand, eine wichtige Aufgabe. Auf dem Weg dorthin rückten sie mehr und mehr in die Rolle eines ebenbürtigen Partners, den zunächst die Regierung in Paris, dann auch die französischen Parteien und schließlich die Militärregierung in Baden-Baden akzeptierten.

8. Frankreich und seine Besatzungszone

Am 3. Oktober 1945 passierte ein Sonderzug die deutsch-französische Grenze bei Forbach. Kurz bevor er Saarbrücken erreichte, umrundete er die Spicherer Höhen – Schauplatz der ersten Kämpfe zwischen Deutschen und Franzosen im August 1870. Der prominenteste Fahrgast im Zug war General de Gaulle, in dessen Begleitung sich zahlreiche Kabinettsmitglieder und Berater befanden. Pünktlich um 9 Uhr trafen die Reisenden in der Hauptstadt des Saarlandes ein. Vorbei an einer Ehrenformation des 1. Infanterieregimentes schritt de Gaulle auf die nahezu vollzählig versammelte Spitze der französischen Militärverwaltung zu, die General Koenig anführte. An einer weiteren Paradeaufstellung in der Mainzstraße fuhr der französische Staatschef im offenen Wagen vorbei. Beim Empfang im Rathaus, dem Sitz der Militärverwaltung an der Saar, wurden de Gaulle nach weiteren Repräsentanten des eigenen Landes auch die Spitzen der deutschen Verwaltung vorgestellt. Auf Französisch versicherte ein deutscher Beamter, die Saarländer wünschten, weiterhin unter französischer Oberaufsicht zu arbeiten und zu leben. Ferner wurde de Gaulle zugesagt, daß sich die Militärverwaltung der Treue und Loyalität der Saarländer sicher sein dürfe – Bilder und Worte wie bei einer Inspektionsreise des Preußenkönigs Friedrich II. durch die ostpreußische Provinz, in manchem zeitgenössischen Gemälde festgehalten. In seiner Antwort auf die Ausführungen des saarländischen Vertreters unterstrich de Gaulle die Probleme, die für Frankreich in seiner Zone zu lösen seien. Er versprach, daß der Tag kommen werde, an dem man gemeinsam daran arbeiten werde. Nach einem kurzen Empfang bestieg die Prominenz eine Tribüne, die vor dem Saarbrücker Rathaus zu diesem Anlaß errichtet worden war. Unter den Augen de Gaulles begann nun eine weitere Parade, an der sich Einheiten aus mehreren in der Zone stationierten Divisionen beteiligten.

Die zweite Station bei der Rundreise des französischen Staatschefs durch die Besatzungszone war Trier. Auch hier warteten Tausende von Schaulustigen auf den hohen Gast. Eine überdimensionale französische Fahne schmückte die Porta Nigra. Beim Empfang im Rathaus ließ sich der General wie in Saarbrücken die hier stationierten französischen Offiziere und Verwaltungsbeamten vorstellen, danach auch die deutschen Behördenvertreter. Das militärische Zeremoniell übernahm in der alten Römerstadt das 2. Zuavenregiment. Bei der anschließenden Fahrt über Land standen die Menschen in den Dörfern Spalier. Schulkinder winkten mit blau-weiß-roten Fähnchen. Die Sympathien für den Besucher waren echt. Begeisterte Anhänger des Dritten Reiches sind die Moselländer nie gewesen.

Koblenz war die dritte Etappe von de Gaulles Reise. Bei seinem Rathaus-Besuch wies er nochmals darauf hin, daß die französische Besatzungszeit von langer Dauer sein werde. Es war bereits dunkel, als der Autokonvoi das zu 75 Prozent zerstörte Koblenz verließ. Langsam bewegten sich die Fahrzeuge durch eine Doppelreihe von Soldaten, die die Fahrt mit brennenden Fackeln illuminierten.

Noch am selben Abend reiste de Gaulle in ein kleines Örtchen im Lahn-Tal weiter, an dem sich wie noch häufig während der Reise ein geschichtsträchtiger Zusammenhang zu den unbewältigten Kapiteln der deutsch-französischen Vergangenheit ergab. Das Reiseziel hieß Bad Ems. Hier hatte Bismarck im Juli 1870 in Absprache mit König Wilhelm I. die «Emser Depesche» abgefaßt, die die französische Nationalversammlung zum Überschäumen brachte und zur Kriegserklärung gegen Preußen provoziert hat. – Auch in dem Kurort empfing den General freundlicher Beifall der Bevölkerung und ein farbenprächtiges Feuerwerk.

Am nächsten Morgen ging es um 7 Uhr früh nach Süden weiter. Entlang des Rheins passierte die Kolonne manche zerstörte Brücke und zahlreiche Ortschaften, in denen die Wunden des Krieges noch nicht vernarbt waren. Bei Kaub fuhr de Gaulle an einer Stelle vorbei, an der die Preußen unter Gene-

AUFRUF!

Jede Familie
hat bis zum 29. Januar 1946

1 Wolldecke
1 Leintuch

beides in gutem Zustande, abzuliefern.

Ausgenommen von der Ablieferungspflicht sind die Evakuierten, die Flüchtlinge und die Ausgebombten.

Ablieferungszeit:

von 8-12 Uhr und 14-17 Uhr

Rathaus, Zimmer 7

Haushaltsausweise sind mitzubringen.

Gegen Säumige müssen Zwangsmaßnahmen ergriffen werden.

Offenburg, den 25. Januar 1946.

Der Bürgermeister:
WEGHAUPT

135 *Ablieferungspflicht für Haushalte in Offenburg.*

ral Blücher in der Neujahrsnacht 1814 über den Fluß gesetzt hatten, um der Herrschaft Napoleons I. ein Ende zu bereiten. Um 10 Uhr kam de Gaulle in Mainz an. In der völlig zerstörten Stadt wiederholte er das, was er am Tag zuvor gesagt hatte. Als Gastgeschenk überreichten ihm die Mainzer einige Flaschen Wein aus ihrem berühmten Anbaugebiet.
In Neustadt an der Weinstraße traf de Gaulle um 14 Uhr ein. Auch hier bereitete die Bevölkerung dem General einen spontanen Empfang. Im geschmückten größten Saal der Kreisstadt nahm ein riesiges Porträt de Gaulles nahezu eine ganze Wandfläche ein. Nach einer Stunde fuhr die Autokolonne nach Süden weiter und überquerte bald darauf die Grenze nach Frankreich bei Weißenburg. Von hier aus hatte die Eroberung von Metz im Krieg von 1870/71 ihren Anfang genommen. Auch die Elsässer waren bei der Fahrt ihres Staatschefs auf den Beinen und spendeten an diesem 4. Oktober 1945 de Gaulle begeistert Beifall. Bei Kehl erreichte der Konvoi wieder deutschen Boden. Freiburg war das nächste Reiseziel.
Auch für den Besuch in der Breisgaumetropole gab es einen historischen Hintergrund. Die alte Universitätsstadt gehörte zwischen 1677 und 1697 zu Frankreich. Erinnerungen an diese Zeit stellen noch heute die Reste des großen Befestigungswerkes am Schloßberg dar, die der Spezialist auf diesem Gebiet in der Zeit Ludwigs XIV., Vauban, errichten ließ. Im Freiburger Rathaus sagte de Gaulle zu seinen Gästen, unter denen sich auch der Erzbischof und der Rektor der Universität befanden: «Wir können nicht vorhersagen, was künftig geschehen wird. Das hängt von Gott und nicht von den Menschen ab. Aber bei den Möglichkeiten, die uns die neue Zeit eröffnet, in der wir zu arbeiten haben, werden Verbindungen zwischen Baden und Frankreich und Württemberg und Frankreich erneuert werden, wie es sie nur vor langer Zeit gab.» – Am nächsten Morgen gab es auch in Freiburg um 8 Uhr eine große französische Militärparade, an der sich wiederum Kontingente aus der gesamten Zone beteiligten.
Bei der Weiterreise zum Zonenhauptquartier in Baden-Baden unterbrach de Gaulle die Fahrt in Sasbach, einem kleinen Örtchen am Kaiserstuhl. Von dort aus kann man heute über eine Ponton-Brücke innerhalb weniger Minuten französischen Boden erreichen. Wenige Kilometer weiter, auf dem Weg nach Marckolsheim, befindet sich eine Stellung in der Maginot-Linie, die ein deutscher Angriff im Frühjahr 1940 außer Gefecht gesetzt hat. Sie ist jetzt in ein kleines Museum verwandelt worden. – Der Stop de Gaulles in Sasbach war der Erinnerung an den Marschall Turenne gewidmet, der hier 1675 gefallen ist. Welche Wellen ein verbohrter Nationalismus schlagen kann, zeigt sich daran, daß die Nationalsozialisten 1940 das Sasbacher Denkmal für Turenne schleifen ließen. An der Stelle, wo es sich seit dem 18. Jahrhundert befunden hatte, hielt de Gaulle jetzt eine Gedenkminute ab und reiste nach dem militärischen Zeremoniell weiter.
Kurz vor Mittag traf der Konvoi auf der letzten Etappe der Rundreise ein. Baden-Baden bereitete dem General einen großartigen Empfang. Am

DEPUIS UN AN, LA FRANCE EST EN ALLEMAGNE

Malgré l'épuisement de cinq années d'occupation, malgré le sang versé dans la guerre, la France a créé sur la zone qu'elle contrôle, „sur une terre brûlée administrative" les conditions d'une vie pacifique et d'une activité conforme aux intérêts de la Nation.

Dans un pays qui a volé en éclats, dans un pays puni par l'effondrement de ses villes et la rupture des cadres mêmes de sa société, dans un pays qu'affaiblissent l'absence des hommes et l'abaissement brutal de son niveau d'existence, l'Administration organise pour que l'Allemagne répare et restitue.

Mais la réorganisation des esprits s'avère aussi nécessaire. Il faut démocratiser l'Allemagne les écoles et les Universités rétablies et développées, l'information pour la première fois vraie depuis 13 ans, la renaissance des droits syndicaux et politiques, le châtiment enfin des coupables et l'élimination de ceux que 13 ans de nazisme rendaient incurables telles furent les principales réalisations d'un programme qui doit orienter les allemands vers l'esprit de démocratie.

L'opinion française se préoccupe à juste titre d'une expérience qui doit assurer sa sécurité à côté des trois plus grandes nations du monde.

Il s'agissait de lui exprimer dans ce livre qui résume graphiquement l'essentiel de l'Exposition de la France en, Allemagne les résultats des efforts de ses fonctionnaires et de ses soldats.

Le redressement et le fléchissement des courbes de notre activité en Allemagne, la pente de leur variation sont. ici, les seuls juges d'une oeuvre qui est en droit pour être appréciée, de réclamer le critérium impartial du quantitatif.

L'Administrateur General

LAFFON

136 *Die Bilanz des ersten Jahres in der Französischen Zone (Proklamation des Generalverwalters Laffon).*

Kurhaus empfing General Laffon die Gäste. Hier, am Sitz der französischen Militärverwaltung, sprach de Gaulle am offensten die Ziele der französischen Deutschlandpolitik an. Unbeeindruckt von den Rückschlägen beim Einmarsch im Frühjahr und bei der Einteilung und Zuweisung der Zone sagte der General: «Was machen wir hier am Tage nach unserem Sieg? Unser Einsatz hat das Ziel, Frankreich auf Dauer hier zu etablieren. Wir folgen einer historischen Aufgabe für unser Land, die in der Vergangenheit mehrfach unterbrochen worden ist. Wir wollen sie nun zum letzten Mal dank der sich bietenden Gelegenheit endlich verwirklichen.» – Im «Hahnhof» war eine Tafel für de Gaulle vorbereitet. Schon um 14.15 Uhr verließ er die Kurstadt an der Oos und fuhr nach Straßburg zurück. Auch dort bereitete ihm die Bevölkerung einen triumphalen Empfang. Ein Jahr zuvor waren dort noch die Deutschen gewesen. Die 1. Französische Armee hatte Straßburg dann im November 1944 zurückerobert.

De Gaulles Inspektionstour durch die Französische Zone war damit abgeschlossen. Die gesamte Presse kommentierte in den folgenden Tagen die Fahrt. Am 9. Oktober 1945 hieß es dazu in den «Freiburger Nachrichten:» «Wir werden noch lange mit Frankreich zu rechnen haben, mit einem Land, das wieder stark und groß ist. Die Vernunft sagt uns, aber auch unser freier Wille, sich mit Frankreich gut zu stellen und mit ihm zusammenzuarbeiten.» Der französische Kontrolloffizier hatte offenbar an der kleinen Einschränkung nichts auszusetzen. Die anderen Zeitungen zogen es aus einsehbaren Gründen vor, die Reise des Generals als eine Kette

von Huldigungen für einen absoluten Herrscher zu beschreiben.
Vier Jahre später gab es für hohe französische Offiziere und Verwaltungsbeamte Gelegenheit, die Oktoberfahrt ihres mittlerweile zurückgetretenen Staatschefs nachzuvollziehen. Dazu verhalf ihnen das Buch: «Présence Française en Allemagne». Auch sein Untertitel ist ungewöhnlich: «Essai de géographie cordiale de la zone française d'occupation.» Das Wappen auf dem Deckel mit der Darstellung der Zone deutet neben den deutschen Länderwappen sogar das Relief des Gebietes auf dem Papier an. Die erste Auflage dieses Buches hatte 375 Exemplare, die nochmals wegen unterschiedlicher Papiergüte in drei Gruppen von 25, 50 und 300 Exemplaren unterteilt waren. Daraus läßt sich schließen, daß es vermutlich als Erinnerungsgabe für einen ausgewählten Personenkreis gedacht war. Eine zweite Auflage aus minderwertigem Papier betrug 5000 Exemplare. Für die Herstellung war u.a. der Verlag Franz Burda in Offenburg zuständig, der heute zu den größten Presse- und Druckhäusern der Bundesrepublik gehört.
Einleitung und Schluß des Buches, das knapp 300 Seiten umfaßt, sind dem französischen Einmarsch von 1945 und der Verwaltungsgeschichte gewidmet. Dazwischen wird in Radierungen das leitende Personal von Militär und Verwaltung porträtiert. Laffon, von dessen Entmachtung und Ablösung noch die Rede sein wird, erscheint hier bezeichnenderweise an hinterer Stelle. Der Rest umfaßt Kulturgeschichte und politische Geographie für einen gebildeten Reisenden.
Welten trennen dieses Buch von den viel stärker sozialwissenschaftlich orientierten ›Field und Progress Reports‹ der Amerikaner und Briten. Man findet keine Statistiken oder Wachstumskurven, dafür aber eine mit großer Sachkenntnis geschriebene Deutschland-Saga aus französischer Sicht. Wenn es so etwas wie den Nationalcharakter gibt, dann wird er in diesem Erinnerungsband greifbar. Und noch etwas vermittelt die Lektüre: unendliche Vertrautheit mit Deutschland und den dortigen Verhältnissen, ein erneuter Beweis für die gute Nachbarschaft bis 1870. – Joseph Rovan, unermüdlicher Streiter für die Versöhnung zwischen beiden Ländern, hat einmal mit Recht auf den «erzwungenen Austausch» zwischen beiden Ländern während des Zweiten Weltkrieges hingewiesen. Zunächst waren Millionen deutscher Soldaten in Frankreich, ihre Widersacher als Kriegsgefangene in Deutschland. Zu ihnen sind die politischen Häftlinge und die Zwangsarbeiter noch hinzuzurechnen – Erfahrungen, die die Amerikaner und Briten nicht gemacht haben. Sie kamen mit viel geringeren Kenntnissen nach Deutschland und hatten zum Ausgleich mehr deutsche Emigranten in ihren Reihen. Man wird sagen dürfen, daß bei dieser Ausgangslage die französische Besatzungspolitik im Vergleich zu den anderen Siegermächten am emotionalsten ausgeprägt sein mußte. Dieses Gefühl stand jedoch in einem starken Kontrast zu der Skepsis, eine ganze Nation umerziehen zu können. «Der Deutsche wird immer der Deutsche bleiben», sagte man 1945 in Paris.
Es kamen Schwierigkeiten hinzu, die sich aus den labilen innenpolitischen Verhältnissen in Frankreich ergaben. Der Held der Nation, de Gaulle, trat schon Ende Januar 1946 von seinem Amt zurück, nachdem ihn die verfassunggebende Versammlung im November 1945 einstimmig zum Regierungschef gewählt hatte. Dadurch wurde das Provisorium der Kriegsjahre beseitigt. Im Mai 1946 lehnte die französische Bevölkerung einen Verfassungsentwurf ab, den die Sozialisten und Kommunisten weitgehend trugen. Für den veränderten Entwurf kam nur eine äußerst bescheidene relative Mehrheit zustande. Außerdem beeinträchtigte die Legitimation der nun geschaffenen Vierten Republik die Kampfansage de Gaulles. Er bereitete ihr dann tatsächlich ein Ende, als er 1958 während der Algerienkrise zum zweiten Mal an die Macht kam.
Bis zum Ende der Besatzungsherrschaft im Mai 1949 löste in Paris eine Regierung die andere ab. Die oberflächliche Einigkeit in der Deutschlandpolitik zwischen Kommunisten, Teilen der Sozialisten und Christlichen Demokraten (MRP) ging bereits nach dem Abgang de Gaulles zu Bruch. Hervor kamen Ansichten, die in der französischen Deutschlandpolitik unter veränderten Bedingungen bis heute anzutreffen sind. Die aktuellen Stichworte lauten «Europawahlen» und die Diskussion um die Ausweitung der Befugnisse für das zu wählende Parlament. – 1945 traten für eine Versöhnungspolitik mit Deutschland auf europäisch-föderalistischer Grundlage nicht-kommunistische Führungsgruppen ein. Viele ihrer Mitglieder hatten in der Résistance gegen die Deutschen gekämpft und Haftzeiten in den Lagern des Dritten Reiches verbracht. Kommunisten, Gaullisten,

Teile der extremen Rechten und der traditionellen französischen Machteliten verlangten dagegen, Deutschland zu bestrafen, aufzuteilen und auf Dauer zu entmachten.
Auch wenn sich der folgende Bericht des Abgeordneten Livry-Level (MRP) vor der französischen Nationalversammlung am 6. April 1946 nicht gerade mit der großen Politik beschäftigt, so ist er doch für die Beziehungen zu Deutschland in dieser Zeit aufschlußreich: «Unsere Soldaten sind katastrophal ausgerüstet. Es ist beinahe der Normalfall, daß die Männer nur jeweils eine Uniform und ein paar Schuhe besitzen. Die Verwaltung bemüht sich dessen ungeachtet, ein zweites Paar Sohlen zu verteilen, die aus deutschen Fabriken in der Pfalz stammen. Das ist umso schockierender, weil die deutschen Zivilisten, die nicht unter Luftangriffen

137 *Buchdeckel des Einnerungsbandes, der führenden Mitgliedern der französischen Zonenverwaltung überreicht wurde.*

138 *Interview des Südwestfunkreporters Horst Scharfenberg mit General Koenig.*

gelitten haben, über Kleiderreserven verfügen, die für französische Verhältnisse unvorstellbar sind. Ich war bei etwa dreißig Hausdurchsuchungen in Deutschland dabei und nenne jetzt die Ergebnisse als ein Beispiel: In einer Stadt mit 12 000 oder 15 000 Einwohnern trafen wir einen Fabrikbesitzer an, der einen Betrieb mit 400 Arbeitern unterhält. Er besaß außer Wäsche und der normalen Kleidung 150 Paar Bettücher, 20 neue Anzüge und 20 Paar Schuhe. Seine dreizehnjährige Tochter verfügte über 17 Kleider und Mäntel, sowie 8 Pullover. Ein Metzger besaß 36 neue Bettücher, 6 neue Anzüge, einen Smoking und einen Frack. Ich habe außerdem in seinem Haus vorgefunden», so der Bericht des französischen Abgeordneten, «25 Schinken, 120 Weckgläser mit Marmelade und 2 Mehlsäcke. Ein ganz kleiner Bäcker verfügte über zwei Dutzend neue Paar Bettücher, 5 neue Anzüge und Schuhe in derselben Größenordnung. Eine Putzfrau, deren Mann Tellerwäscher ist, hatte 6 Paar neue Bettlaken, 3 Anzüge für ihren Gatten, 8 Paar Schuhe für den Haushalt, abgesehen von denen, die sie trugen. In einer anderen Stadt traf ich einen Einzelhändler mit einer kinderreichen Familie an. Außer seiner Frau hatte er acht Töchter. Er besaß mehr als 120 Paar Bettücher und über 150 Kleider und Mäntel für die Frauen.

139 *Panzerparade in Worms. Die Bevölkerung wurde in die Häuser verbannt oder zog es vor, dort das Spektakel abzuwarten.*

Ich könnte diese Beispiele beliebig erweitern. Die Untersuchung erstreckte sich zudem auf alle Gegenden der Zone. Ihre Resultate waren überall gleich, in zerstörten und unzerstörten Gebieten. Angesichts dieser Sachlage bleibt festzustellen, daß unsere Soldaten in bekleidetem Zustand schlafen müssen. Sie verfügen weder über Schlafsäcke noch über Bettücher.»

Von Beginn der Sitzungen des Alliierten Kontrollrates in Berlin an zeigten sich Ansätze der französischen Vetopolitik gegenüber allen Beschlüssen, die auf eine Behandlung Deutschlands als wirtschaftliche Einheit hinausliefen. Entsprechende Vereinbarungen waren in Potsdam getroffen worden. Sie sahen fünf zentrale Verwaltungen für Finanzen, Verkehr, Post- und Fernmeldewesen, Außenhandel und Industrie vor. Frankreich stimmte bis zum Auseinanderbrechen des Kontrollrates alle Anläufe nieder, die verabredeten deutschen Organe zu schaffen. Sie wurden dann zunächst in der Bizone am 1. Januar 1947 eingerichtet, als es zum Zusammenschluß der Amerikanischen und Britischen Zone kam.

Erst seit dem Frühjahr 1947 gewann in Frankreich gegen den Widerstand von Kommunisten und Gaullisten eine realistische Einstellung gegenüber dem ehemaligen Gegner an Boden. Sie ging einher mit dem Abschied von Groß- und Weltmachtträu-

men, die nicht länger aufrechtzuerhalten waren. Frankreich mußte sich zu der Einsicht bequemen, daß es militärisch, wirtschaftlich und politisch nur eine Mittelmacht darstellte. Auch dieser Prozeß zog sich noch lange hin. Er wurde eigentlich erst mit der Aufgabe Algeriens im Jahre 1962 abgeschlossen. Dazwischen lagen demütigende Schlappen für das Land in Indochina und beim Suez-Abenteuer, wo es letzte gemeinsame Aktionen mit dem sich machtpolitisch gleichfalls im Niedergang befindlichen Großbritannien gab.

Der Kurswechsel in der französischen Außenpolitik war aus zwei Gründen schwierig. Einerseits trug die Festlegung auf die politische Doktrin de Gaulles daran Schuld, an der die französischen politischen Parteien noch lange festhielten. Andererseits lag es daran, daß in Paris der Faktor Amerika nur ungenügend in die Überlegungen einbezogen wurde. Man ging davon aus, daß Washington nach einer bis zu zweijährigen Konsolidierung der Verhältnisse seine Truppen abziehen werde. Europa sei dann einem erneuten Kräftespiel zwischen den verbliebenen Mächten ausgeliefert. In einer Diplomatiepolitik, die Vorbilder der Zeit vor 1914 kopierte, setzte Frankreich daher auf das Dreieck London-Moskau-Paris. Die logische Konsequenz waren der Abschluß von zweiseitigen Beistandspakten, die in der Folgezeit aber keinen politischen Wert haben sollten.

Die Obstruktionspolitik im Berliner Kontrollrat zeigte die französischen Ziele für Deutschland in aller Deutlichkeit. Angestrebt wurde eine Konföderation lose miteinander verbundener Kleinstaaten anstelle des alten Reiches. Gebietsverluste im Osten und im Westen sollten die politische und wirtschaftliche Bedeutung dieses Gebildes weiter verringern. Schon Ende 1944 hatte de Gaulle aus diesem Grund der Oder-Neiße-Grenze als der künftigen deutschen Ostgrenze zugestimmt. Er ließ damals keine Gelegenheit aus, auch für den deutschen Westen eine neue Flußgrenze vorzuschlagen. Der Rhein sollte sie bilden. Das Ruhrgebiet mußte französischen Vorstellungen zufolge internationalisiert und den Interessen der Siegermächte nutzbar gemacht werden. Auch in diesem Vorschlag zeigte sich – ähnlich wie an der Saar – die französische Vorstellung, durch Rückgriff auf das deutsche Wirtschaftspotential den eigenen Wiederaufbau im Alleingang, also ohne Kreditaufnahmen bei den USA, zu betreiben.

Würde sich Frankreich damit bei seinen Partnern durchsetzen, wären zwei zentrale Ziele verwirklicht: Deutschland bliebe auf Dauer geschwächt – der klassische französische Sicherheitsgedanke – und für die «grande nation» bestünden begründete Aussichten, ihren gefährdeten Weltmachtstatus aufrechtzuerhalten. – Die französischen Absichten gingen bekanntlich nicht auf. Weder die Sowjetunion noch Großbritannien waren bereit, sich von den Franzosen einspannen zu lassen.

Noch bevor es die französische Öffentlichkeit wahrhaben wollte, war die Entscheidung über die künftige Orientierung des Landes bereits gefallen. Im Mai 1946 zeigte sich eine französische Delegation nach langen Verhandlungen bereit, amerikanische Kredite anzunehmen. Statt der erhofften 3 Milliarden Dollar erhielt Frankreich jedoch nur 1 Milliarde. Gleichzeitig sicherte es sich aber durch diesen Schritt den Zugang zu internationalen Anleihen. Anfang 1948 verschlechterte sich die wirtschaftliche Lage im eigenen Land drastisch. Auch die Zone fiel zur Kompensation aus, da sie nach den ersten beiden relativ günstig verlaufenen Jahren erstmalig Zuschüsse benötigte. Mit der Annahme der Marshall-Plan-Hilfe war Paris nun gezwungen, sich endgültig den deutschlandpolitischen Vorstellungen der Amerikaner anzuschließen. Sie bedeuteten nicht mehr und nicht weniger als den wirtschaftlichen und politischen Zusammenschluß der drei Westzonen, verbunden mit einer allgemeinen Westorientierung, die der immer heftiger werdende «Kalte Krieg» erleichterte. Hatte die Moskauer Außenminister-Konferenz im Frühjahr 1947 schon eine Wende in der französischen Außenpolitik gebracht, so bildete das Frühjahr 1948 mit der Londoner Sechsmächte-Konferenz das entscheidende Datum für das Einschwenken auf die Linie der Amerikaner und Briten. Im April 1949 einigte man sich auf die Bildung der Trizone. Wenige Wochen später wurde dieser Zusammenschluß durch die Gründung der Bundesrepublik am 23. Mai 1949 abgelöst.

Offiziell hörte die Französische Zone jedoch erst am 21. September 1949 auf zu existieren. Eine deutsche Bundesregierung befand sich jetzt im Amt, deren Gesprächspartner nicht mehr Militärgouverneure, sondern zivile «Hohe Kommissare» waren. Für Frankreich übernahm der ehemalige Berliner Botschafter André François-Poncet die-

140 *Französische Militärkapelle in Worms.*

141 *General de Gaulle dekoriert Soldaten in Oberstdorf.*

142 *General de Lattre de Tassigny nimmt Truppenparade nordafrikanischer Verbände in Baden-Baden ab.*

143 *General de Gaulle besucht die Garnison in Oberstdorf.*

144 *General Widmer in Reutlingen (1946).*

145 *Die Generale de Gaulle und de Lattre de Tassigny schreiten eine Ehrenformation in Stuttgart ab.*

146 *Französische Paradeaufstellung in Bruchsal, das später zur Amerikanischen Zone gehörte.*

sen Posten. Sein Sohn wurde 30 Jahre später französischer Außenminister.
Mit fortschreitender Besatzungszeit in Deutschland hatte sich der Anteil der Besatzungstruppen am französischen Verwaltungsapparat stetig verringert. Am 31. Mai 1948 waren nur noch 53000 Mann in der Zone stationiert. Die Grabenkämpfe zwischen Berufssoldaten und den von der Résistance übernommenen Kadern waren abgeflaut. Sie wurden jetzt in den neuen französischen Krisengebieten Indochinas und Nordafrikas fortgesetzt.
Dagegen strebte die Auseinandersetzung zwischen General Koenig und seinem Verwaltungschef Laffon ihrem Höhepunkt entgegen. Die Militärs unterstellten Laffon, alte Résistance-Ideale zu verfechten. Dazu zählten sie auch den Gedanken, endlich mit einer Annäherung der Interessen zwischen den alten Erbfeinden zu beginnen. Ein erstes Rücktrittsgesuch Laffons Anfang November 1947 lehnte die Regierung in Paris ab. Wenige Tage später eröffnete Koenig dann seinem Untergebenen, daß er von seinen Pflichten entbunden sei. Ein Sturm der Kritik erhob sich in der französischen Presse. Man warf Koenig vor, wie ein römischer Prokonsul in Baden-Baden zu regieren. Es folgten weitere Rücktritte von Direktoratsleitern in der Zonenverwaltung. Koenig übernahm selbst wenige Wochen später die Aufgaben Laffons, was eine Reorganisation der gesamten Kommando- und Verwaltungsstruktur auslöste. Das Amt des «administrateur général» (Generalverwalter) existierte nun nicht mehr. Statt dessen wurden die vier Generaldirektorate dem Oberbefehlshaber und Militärgouverneur direkt unterstellt. Ein Generalsekretariat stellte mit fünf Mitgliedern die Verbindungen zu den einzelnen Abteilungen her. Damit hatte sich der Primat der Militärs in der Zone völlig durchgesetzt. Als treue Gefolgsmänner de Gaulles wußten die Generale Koenig und Koeltz fortan die Entwicklung zur staatlichen Begründung der Bundesrepublik durch manchen Schachzug zu verzögern. Am 10. August 1949 übergab General Koenig seine Ämter an den Nachfolger, den Hohen Kommissar François-Poncet. Obwohl es jetzt die Bundesrepublik gab, galt ein Besatzungsstatut, das die drei westlichen Siegermächte mit ihren Streitkräften innerhalb der alten Zonengrenzen beließ. Auch Stationierungskosten mußten weiterhin gezahlt werden.
Wenn man heutzutage an einem Wochenende durch das Gebiet der ehemaligen Französischen Zone reist, wimmeln die Bahnsteige in Offenburg, Freiburg, Konstanz, Achern, Baden-Oos und Trier von «poilus», die sich auf der Heimfahrt befinden. Es hält sie nicht bei uns, weil die Bundesrepublik für Ausländer so teuer geworden ist. Aber auch wie für deutsche Wehrpflichtige ist das «Foyer du Soldat», eine euphemistische Umschreibung für Kantine, nicht gerade ein erstrebenswerter Aufenthaltsort an dienstfreien Tagen.

Auch heute noch gibt es mitunter, abseits von der großen Politik, kleine Irritationen im örtlichen deutsch-französischen Verhältnis. In Rastatt wollte vor ein paar Jahren der französische Ortskommandant den innerstädtischen Verkehr vorübergehend zum Stillstand bringen, um sein Töchterchen ungestört zur Hochzeit fahren zu lassen. Die Einwohner der Stadt murrten jedoch und der General mußte sich, wenn auch widerstrebend, klarmachen, daß seine Anordnung etwa 15 Jahre zu spät kam.

Altengraben
Einbahnstraße

9. Die Kulturpolitik der Franzosen

Die Kulturpolitik der Franzosen in ihrer Besatzungszone hatte kein einheitliches Konzept und war – ebenso wie in Frankreich selbst – durch Widersprüche gekennzeichnet. Die allgemeinen Zielvorstellungen der französischen Politik waren zunächst darauf ausgerichtet, gemeinsam mit den anderen Siegermächten Deutschland auf allen Gebieten so zu schwächen, daß es nie wieder zu einem Sicherheitsrisiko für Europa werden konnte. Darin hatte eine gezielte Kulturpolitik vorerst keinen Platz. Nach und nach setzten sich jedoch andere Überlegungen durch, die vor allem bei den verantwortlichen Politikern in Paris stark von deren eigener Meinung über die deutsche Kultur geprägt waren. So mußte man aus französischer Sicht zunächst einmal dafür sorgen, die Deutschen umzuerziehen. Schließlich waren nach einer weit verbreiteten Ansicht die Grundeinstellung und die wesentlichen Charakterzüge eines ganzen Volkes schuld daran gewesen, daß ein Hitler an die Macht kommen konnte.

Diese offizielle Meinung der Franzosen über die Deutschen unterschied sich deutlich von der Ansicht der Amerikaner und Briten, die das Dritte Reich mehr als ein einmaliges Phänomen betrachteten, das mit der Person Hitlers eng verknüpft war. Entsprechend anders wurde auch in der Amerikanischen Zone und von den britischen Besatzungsbehörden die Entnazifizierung durchgeführt. Während hier zunächst einmal alle ehemaligen Partei-Mitglieder nach ihren jeweiligen Tätigkeiten und Funktionen innerhalb der NSDAP untersucht und entsprechend bestraft wurden, hieß es in der Französischen Zone, der National-Sozialismus sei eine Konsequenz der deutschen Geschichte und Kultur, darum seien auch alle Deutschen «schuldig». Eine solche Ausgangsposition als Grundlage für die Entnazifizierung ließ sich nicht lange halten. Frankreich schloß sich im Prinzip schon bald den Amerikanern und Briten an und verurteilte in den Prozessen die sogenannten Hauptschuldigen, die Verbrechen gegen die Menschlichkeit begangen oder die zu den einflußreichen Parteimitgliedern gehört hatten. Außerdem aber wurde so weit wie möglich jeder einzelne daraufhin untersucht, ob er vielleicht nicht doch ein «echter Nazi» gewesen war, unabhängig davon, ob er der Partei angehört hatte oder nicht. Als Grundlage diente die Persönlichkeit mit ihrer Denkstruktur, die nun von den Franzosen untersucht wurde. Die meisten Bewohner der französischen Besatzungszone waren davon betroffen. Sie durften zunächst in ihren Beruf nicht mehr zurückkehren und mußten erst ihre Schuldlosigkeit unter Beweis stellen. Wenn ihnen dies schließlich gelang, konnten sie – probeweise – ihre Tätigkeit wieder ausüben.

So kam es, daß an den Schulen in der französischen Besatzungszone zeitweise über 40 Prozent der Lehrer aus den genannten Gründen auf Widerruf beschäftigt waren. Doch die Entnazifizierung allein war nach Ansicht der westlichen Alliierten – noch extremer bei den Sowjets – vollkommen sinnlos ohne die Unterstützung durch eine gründliche Umerziehung der Deutschen, die am besten bei Kindern und Jugendlichen, schwieriger in der Erwachsenenbildung durchzusetzen wäre. Wenn man Deutschland sozusagen als «kulturelles Neuland» betrachtete, dann konnte ein Erziehungsprogramm ohne größere Schwierigkeiten mit dem Ziel entwickelt werden, tiefgreifende Reformen durchzuführen und in bereits vorhandenen Institutionen umwälzende Entwicklungen vorzunehmen.

Die Sowjetunion zum Beispiel legte großen Wert auf das kulturelle Programm in ihrer Zone und ließ nach dem Zusammenbruch so schnell wie möglich alle Schulen und Universitäten wieder öffnen. Ziel

◁ 147 *Straßeninterview des Südwestfunks (SWF) mit Verkehrspolizist – freie Fahrt in Richtung Bundesrepublik.*

148 *Französisch-Sprachkurse in Koblenz.*

war es, die kommunistische Doktrin zu verbreiten. Auch Arbeiter und Bauern bekamen von Anfang an Gelegenheit, in eigens dafür eingerichteten Instituten an den Universitäten Kurse zu besuchen. Bei den Amerikanern sollte ebenfalls eine politische und ideologische Umerziehung der Deutschen stattfinden, allerdings mit völlig anderen Zielen. In der Amerikanischen Zone wollte man den Menschen die traditionellen Prinzipien der klassischen Demokratie vermitteln, ohne jedoch den Deutschen ihre kulturelle Basis zu entziehen. Institutionen, die noch vorhanden waren, blieben erhalten und wurden nicht wesentlich verändert, wenn sie nichts mit dem national-sozialistischen Parteiapparat zu tun gehabt hatten. In den wesentlichen Punkten handelte Großbritannien als Besatzungsmacht in seiner Kulturpolitik ähnlich.
Die Franzosen hatten ihre eigene Meinung über die Art und Weise der Umerziehung bei den Deutschen: Menschlichkeit und Demokratie seien lange Lernprozesse, sagten sie, die nur Erfolg hätten, wenn sie von Grund auf durchgeführt würden. Daher ist es auch verständlich, daß sich ihre Erziehung in erster Linie auf Kinder und Jugendliche konzentrierte. Anders als die Amerikaner und Briten versuchten die Franzosen, in ihrer Zone das gesamte deutsche Erziehungssystem zu erneuern und dem französischen weitgehend anzupassen. Zu diesem Zweck entsandten sie zahlreiche junge Germanisten in die Verwaltungsapparate der Besatzungszone. Diese sollten die Ideen durchsetzen und vor allem den großen Vorteil nutzen, aufgrund ihrer Ausbildung zumindest keine Sprachbarrieren im Umgang mit den Deutschen zu haben.
Auf Anweisung der französischen Militärverwaltung in Baden-Baden wurden die Schulen im August, die Universitäten im September des Jahres 1945 wieder geöffnet. Für das Erziehungsprogramm verantwortlich waren Raymond Schmittlein, der Leiter der «Direction de l'Éducation Publique» und seine Stellvertreterin, Madame Irène Giron. Sie erhielten ihre Anweisungen aus dem Erziehungsministerium in Paris. Als größte Schwierigkeit erwies sich von Anfang an, geeignetes Lehrpersonal zu finden.

Fast 75 Prozent der Lehrer waren wegen ihrer Mitgliedschaft in der NSDAP oder anderer Verbindungen zu den Nazis vom Dienst suspendiert worden. Trotz aller Proteste, vor allem aus den Reihen der Militärs, setzte Schmittlein seinen Willen durch und bekam schließlich von General Koenig die Erlaubnis, im Herbst 1945 mit dem Unterricht zu beginnen. In diesem Fall waren die Franzosen sogar schneller als Amerikaner oder Briten, in deren Zonen die Schulen erst einige Wochen später wieder geöffnet wurden. Die Militärregierung überwachte die Vorgänge an den Schulen so streng wie möglich, denn die Wiedereröffnung mußte in ihren Augen

ein voller Erfolg werden. Der Unterricht sollte in möglichst vielen Klassen beginnen.
Bereits am 1. Dezember 1945 hatte man in fast 4700 Volksschulen die Arbeit wieder aufgenommen. Die Situation sah keineswegs rosig aus. Es mangelte weiterhin an qualifizierten Lehrkräften (durch die Entnazifizierungsmaßnahmen und strengen Anstellungsbedingungen lag das Durchschnittsalter der Lehrer Ende des Jahres zwischen 55 und 60 Jahren); die Schulgebäude waren größtenteils noch zerstört, – die einigermaßen verwendbaren Anlagen dienten oft der Militärverwaltung als Unterkünfte – und es gab nur wenig brauchbare Lehrbücher. Trotzdem unterrichteten zu diesem Zeitpunkt bereits über 9000 Lehrer rund 760000 Schüler. Ende des Jahres öffneten 148 Hochschulen ihre Pforten. Auch an den zwei Universitäten, die sich zunächst in der französischen Besatzungszone befanden, begannen einzelne Lehrveranstaltungen.
Mit der Wiederaufnahme des Unterrichts sollten die geplanten Reformen unmittelbar durchgesetzt werden. Die französischen Behörden verhandelten über alle anstehenden Fragen mit der wiedereingesetzten deutschen Verwaltung – allerdings nicht, um über die Reformen zu diskutieren, sondern nur, um darüber zu informieren, was erneuert werden mußte. – Die Grundschule dauerte nun sechs Jahre; danach wurde über eine weiterführende Schule entschieden. Am Angebot der Unterrichtsfächer änderte sich nichts Wesentliches – allerdings wurde Geschichte von den Franzosen streng auf eventuell noch vorhandene, indirekte Nazi-Propaganda untersucht. Der Biologie-Unterricht fiel vorüberge-

149 *Kinderzeichnung. Koblenz wurde erst am 5. Juli 1945 von den Amerikanern an die Franzosen übergeben.*

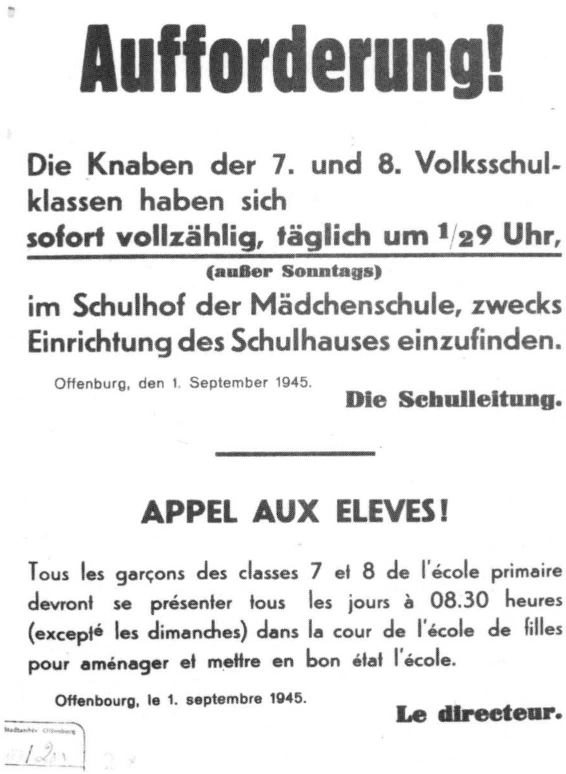

Aufforderung!

Die Knaben der 7. und 8. Volksschulklassen haben sich sofort vollzählig, täglich um 1/29 Uhr,
(außer Sonntags)
im Schulhof der Mädchenschule, zwecks Einrichtung des Schulhauses einzufinden.

Offenburg, den 1. September 1945.
Die Schulleitung.

APPEL AUX ELEVES!

Tous les garçons des classes 7 et 8 de l'école primaire devront se présenter tous les jours à 08.30 heures (excepté les dimanches) dans la cour de l'école de filles pour aménager et mettre en bon état l'école.

Offenbourg, le 1. septembre 1945.
Le directeur.

150 *Schulbeginn in Offenburg – die Zeit des Herumstreunens ist endgültig vorbei.*

151 *Übertragungswagen des Südwestfunks. Die Massenmedien dürfen wieder arbeiten.*

152 *Aufnahmestudio des Südwestfunks. Die Franzosen gründen diesen Sender, nachdem Stuttgart ihnen verloren geht.*

153 *Plakat der Ausstellung des SWF zum 1. Jahrestag.*

hend ganz weg, weil es keine «neutralen» Texte gab. Überhaupt war die Beschaffung von geeigneten Lehrbüchern recht schwierig. So stammten die im Unterricht verwendeten Texte zum größten Teil aus der deutschsprachigen Schweiz, aus Luxemburg und von einer deutschen Organisation in New York. Zu einem späteren Zeitpunkt übernahm ein Verlag in Offenburg die Produktion unter strenger Aufsicht der Franzosen. Bereits im Jahre 1948 er-

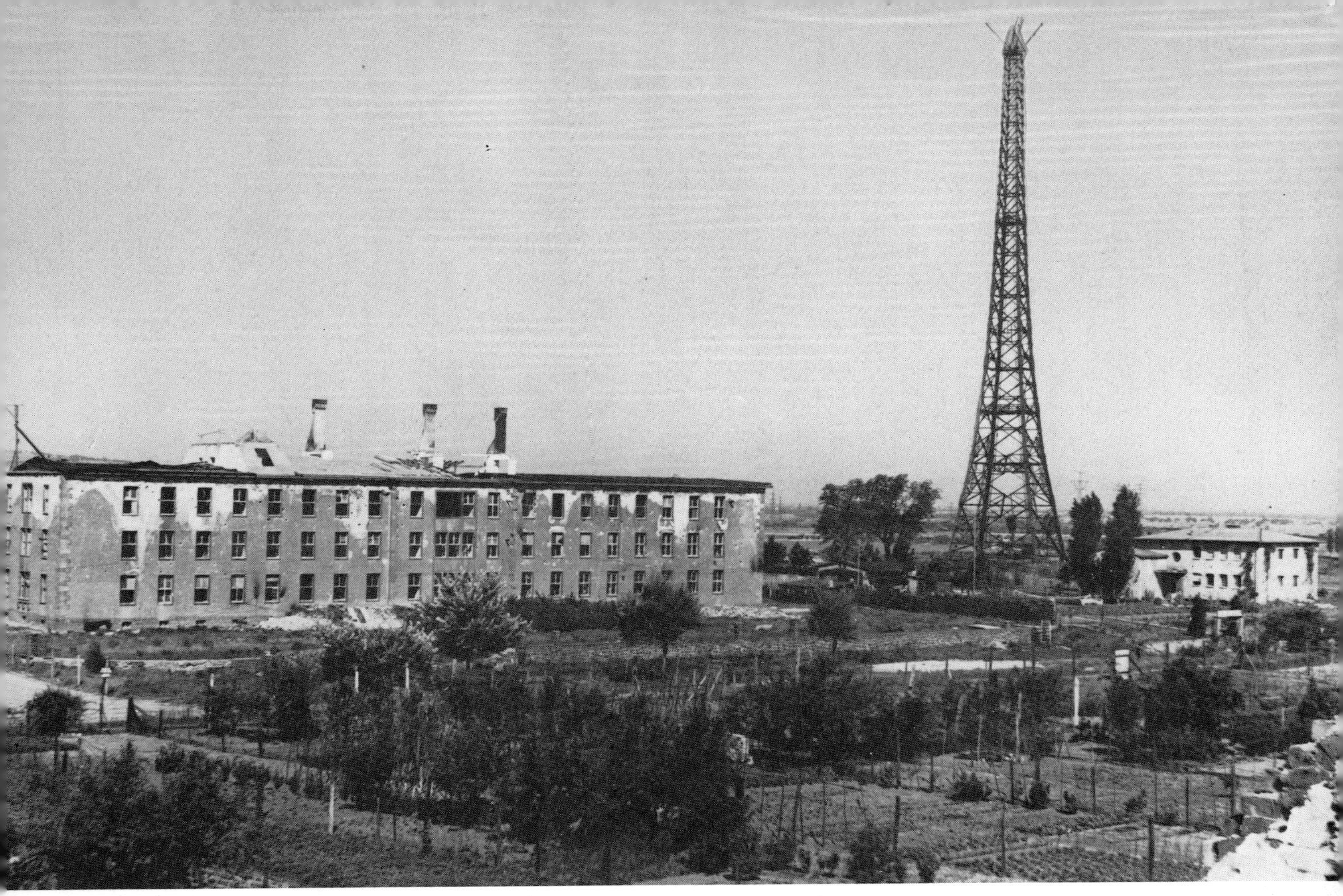
154 *Sender Koblenz, die einzig erhalten gebliebene Station in der Französischen Zone.*

schienen, von verschiedenen Verlagen herausgegeben, schon über zehn Millionen neuer Schulbücher.
Das Fach Französisch kam in einer veränderten Form auf den Stundenplan. Alle einigermaßen begabten Schüler sollten vom 5. Schuljahr an diese Fremdsprache lernen. Neben der sicher aus patriotischen Gründen entstandenen Motivation, die Kinder so früh wie möglich Französisch lernen zu lassen, war auch der Gedanke mit ausschlaggebend, daß die Kultur eines anderen Volkes leichter zu begreifen sei, wenn man seine Sprache so früh und so gründlich wie möglich lerne.
Die französische Militärverwaltung setzte im übrigen auch durch, daß sowohl die Volks- als auch die Mittelschulen und Gymnasien nicht mehr als konfessionelle Einrichtungen betrieben wurden. Das hieß nicht, daß die katholische oder evangelische

155 *Handgemaltes Plakat für ein Fußballspiel.*

156 *Kulturwoche in Offenburg.*

Kirche nicht weiterhin private Schulen gründen konnten. Die staatlichen Schulen jedenfalls sollten von den Kirchen nicht länger beeinflußt werden. An den Gymnasien und Oberschulen wurde die Gesamtunterrichtszeit auf sieben Jahre festgesetzt, nach dem vierten Jahr konnten die Schüler eine Spezialrichtung wählen. Als jeweilige Basis dienten klassische oder moderne Sprachen beziehungsweise naturwissenschaftliche Fächer. Ziel der Schulreform war es, die, wie die Franzosen meinten, traditionell deutsche Erziehung der privilegierten Schichten durch einen chancengleichen, zeitgemäßen Unterricht zu ersetzen.
Ein weiterer, einschneidender Schritt war die Reform des Abiturs. Die Prüfung, die nach wie vor als Zulassung für ein Studium an den Universitäten notwendig war, sah im Januar 1947 vollkommen anders aus als das ehemalige Abitur, das nach Ansicht der Franzosen eine «bloße Formsache» ohne rechten Inhalt gewesen war. Es gab künftig zwei Arten von Tests: einer bezog sich auf die an den Gymnasien gelehrten und abgeschlossenen Fächer, der andere bildete bereits eine Grundlage für die an der Universität angestrebte Fachrichtung. Anders als beim deutschen Abitur wurden die Prüfungen, ähnlich wie in Frankreich beim «Baccalauréat», an einigen wenigen zentralen Orten durchgeführt und die schriftlichen Arbeiten von Lehrern korrigiert, die die Schüler nicht kannten. Auch während des mündlichen Examens standen sich Lehrer und Schüler in der Regel zum ersten Mal gegenüber. Diejenigen, die das Abitur vor 1942 abgelegt hat-

ten und nun studieren wollten, mußten die mündliche Prüfung vor einer besonderen Kommission ablegen, die von den Rektoren der Universitäten und später von den Länder-Kultusministern unter Aufsicht der französischen Behörden zusammengestellt wurde. Junge, ehemalige Offiziere ohne Abitur konnten eine Sonder-Reifeprüfung ablegen, die für ein Studium in technischen Fachrichtungen genügte. Für ein Voll-Studium war allerdings auch für sie eine Teilnahme an den allgemeinen Prüfungen unter der Voraussetzung notwendig, daß sie vorher erfolgreich den Entnazifizierungsprozeß durchlaufen hatten.
Die sozialen Verhältnisse der Schulkinder aller Altersklassen und die Zustände an den Schulen waren in den ersten Jahren nach dem Krieg katastrophal. Die meisten Kinder hatten zwar ein mehr oder weniger zerstörtes Zuhause, aber sie mußten ihr Bett mit Geschwistern teilen. Die Kleidung war alt und wärmte in den Wintermonaten nicht richtig, die Schuhe zerschlissen, weil sie keiner reparieren konnte. Seife war Mangelware und eine Zahnbürste besaß kaum jemand. Die größte Sorge aber war der Hunger, verbunden mit der Frage, ob es heute etwas zu essen gäbe. Wie überall in Deutschland existierten auch in der Französischen Zone nur wenige Schulgebäude, die nicht ganz oder doch zumindest teilweise zerstört waren. Alle noch einigermaßen brauchbaren Gebäude hatten die Besatzungsbehörden beschlagnahmt. Rund ein Drittel der Schulkinder mußte aufgrund der Verhältnisse einen Schulweg von täglich drei Kilometern oder mehr zurücklegen, ohne daß es entsprechende Beförderungsmittel gab. Jede zur Verfügung stehende Schulbank war um ein Mehrfaches überbesetzt – es fanden sich Klassen, in denen auch die Fensterbretter als Sitzgelegenheit während des Unterrichts dienen mußten. Hautinfektionen, Krätzmilben und Läuse plagten die meisten Kinder. Die Ansteckungsgefahr war groß, weil die hygienischen Verhältnisse miserabel waren. In den kalten Wintermonaten fiel oft der Unterricht ganz aus, denn es gab kaum Heizmaterial. Angesichts dieser Lage hatten die Lehrer große Mühe, das erforderliche Unterrichtssoll zu erfüllen. Es bleibt erstaunlich, daß sowohl sie wie die Schüler trotzdem in den Schulen ausharrten und den Unterricht so gut wie möglich absolvierten. In Konstanz z.B. – wie auch an vielen anderen deutschen Schulen – bekam der Weg zur Schule für die Kinder im Mai 1946 einen

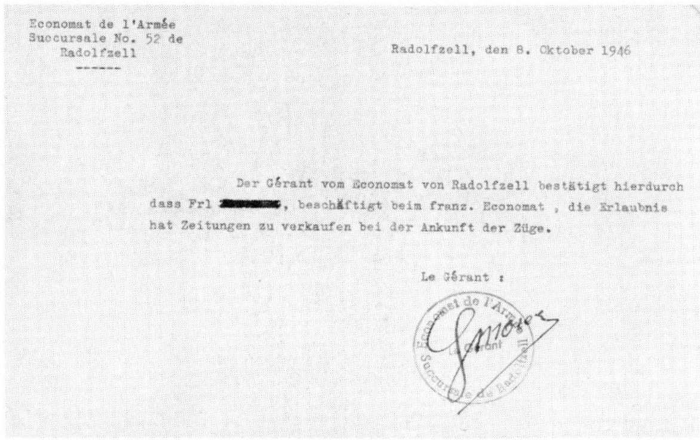

Economat de l'Armée
Succursale No. 52 de
Radolfzell

Radolfzell, den 8. Oktober 1946

Der Gérant vom Economat von Radolfzell bestätigt hierdurch dass Frl [redacted], beschäftigt beim franz. Economat , die Erlaubnis hat Zeitungen zu verkaufen bei der Ankunft der Züge.

Le Gérant :

157 *Arbeitsbescheinigung für eine 35-jährige promovierte Studienrätin, die ihren Beruf nicht ausüben darf.*

158 *Modenschau für die «ausgebombte Frau».*

ganz besonderen Reiz: vierzig Tage lang erhielten sie täglich einen halben Liter Suppe gegen den ärgsten Hunger. Nun sah man die 6- bis 18jährigen mit Töpfen und Kannen in die Schule eilen – plötzlich waren alle pünktlich da, keiner kam auf die Idee, den Unterricht zu schwänzen. Für die Kinder in Konstanz handelte es sich um eine Spendenaktion aus der benachbarten Schweiz. Die angebotene Erbsen- oder Gerstensuppe mit viel Fett war genau das Richtige für die Jugendlichen, die abends oft ohne einen Bissen ins Bett geschickt werden mußten, weil die Eltern nichts zu essen hatten.

Im Oktober 1945 öffneten die beiden Universitäten, die es in der Französischen Zone aus der Vorkriegszeit gab, ihre Pforten. Beide befanden sich im südlichen Teil: in Freiburg und in Tübingen. Die Gebäude in Freiburg glichen nur noch Trümmerhaufen, denn bei den Straßenschlachten und den Bombenangriffen während der letzten Tage des Krieges war fast alles zerstört worden. Die ersten Studenten und auch die von den Franzosen zugelassenen Professoren mußten neben ihrem Studium beziehungsweise neben ihrer Lehrtätigkeit mehrere Stunden täglich beim Wiederaufbau mithelfen. Die Entnazifizierung machte es den französischen Behörden schwer, an den beiden Universitäten, die auf eine langjährige Tradition zurückblikken konnten, einen erfahrenen Lehrkörper einzusetzen. Schließlich durften immerhin zwei Drittel der Professoren auf ihre Lehrstühle zurückkehren, weil gegen sie keine Anschuldigungen vorlagen. Keine Rückkehr gab es allerdings für Martin Heidegger, den berühmten Freiburger Philosophieprofessor. Die Militärverwaltung unternahm gleichzeitig den Versuch, Lehre und Forschung an den Universitäten überwachen zu lassen. Dieses Amt übernahmen junge französische Kontrolloffiziere, die in ihrer Heimat bereits als ausgezeichnete Germanisten galten und mit den Methoden der deutschen Erziehung bestens vertraut waren. Die Aufgaben, die sie erfüllen sollten, waren kaum zu bewältigen: neben zahlreichen Verwaltungsangelegenheiten sollten sie auch alle Vorlesungen an ihrer Universität überwachen. Ende 1946 entdeckte ein Untersuchungsausschuß des französischen Parlaments, daß es tatsächlich nur ganze drei Kontrolloffiziere waren, die damit beauftragt waren, das gesamte Geschehen an den Universitäten in der Französischen Zone zu überwachen.

Zweifellos ein Verdienst der Franzosen war schließlich die Gründung der Johannes-Gutenberg-Universität in Mainz – für diejenigen, die studieren wollten und im nördlichen Teil der Zone wohnten, ein großer Vorteil. Tübingen und Freiburg hatten damals nur begrenzte Kapazitäten. Der Versuch, sich an einer der Universitäten in Köln, Bonn, Heidelberg, Frankfurt oder Marburg zu immatrikulieren, scheiterte oft an verwaltungstechnischen Schwierigkeiten, von einer Zone in die andere überzuwechseln. Außerdem waren die Universitäten in der Amerikanischen und in der Britischen Zone ebenfalls schon bald restlos überfüllt.

Die Wahl einer neuen Universität mußte von den Franzosen zwischen den Städten Speyer, Trier und Mainz entschieden werden. Sowohl die Tatsache, daß hier bereits von 1477 bis ins 19. Jahrhundert hinein eine Universität existiert hatte, als noch mehr der besondere Vorteil der Stadt, die die Gebäude einer ehemaligen Luftwaffenkaserne schnell und ohne Komplikationen für eine Universität zur Verfügung stellen konnte, sprachen schließlich für Mainz. Durch einen Erlaß des französischen Oberkommandos vom 28. Februar 1946 trat die Militärregierung der Universitätsverwaltung die Grundstücke und Gebäude des Kasernengeländes zur unentgeltlichen Nutzung und freien Verfügung ab. Gleichzeitig wurde der zum Teil noch erhaltene alte Mainzer Universitätsfonds, ein ansehnlicher Rest, den man über eineinhalb Jahrhunderte hinweg gerettet hatte, der neuen Universität zur Selbstverwaltung überlassen. Am 1. März 1946 fand die offizielle Gründung, am 22. Mai 1946 dann die feierliche Eröffnung statt.

An der neuen Universität Mainz brauchten sich die Franzosen nicht mit einem Lehrkörper zu befassen, der unter dem Einfluß der Nationalsozialisten gestanden hatte – sie konnten vielmehr den Start für ein neues akademisches Leben freigeben. Gleich von Anfang an besaß die Universität eine deutsche Selbstverwaltung, die nur von einem Kontrolloffizier überwacht wurde. In seiner Rede bei den Eröffnungsfeierlichkeiten sagte General Koenig, daß sich Studenten und Professoren hier als Deutsche zu Hause fühlen sollten. Schmittlein, der selbst wesentlich mitgeholfen hatte, die neue Universität zu gründen, erklärte, die Freizeit müsse die Grundlage für Lehre und Forschung sein, aber nicht nur die innere Freiheit nach dem eigenen Gewissen,

159 *Der Mainzer Oberbürgermeister Kraus bei der Eröffnung der Universität am 24. Mai 1946.*

sondern auch die Freiheit, neben der eigenen Meinung die des anderen zu tolerieren.
Die Einrichtung der ersten Fakultäten bereitete kaum Schwierigkeiten, weil man ganz von vorn anfangen konnte. Es gab zahlreiche Professoren, die aus dem Osten Deutschlands geflüchtet und nun auf der Suche nach Arbeit waren. Die Universitätsverwaltung ging so unbürokratisch wie möglich vor. Man forschte nicht weiter nach eventuell verlorengegangenen Papieren, die gewöhnlich in ihrer Gesamtheit für die Qualifikation zum Professor notwendig waren. Oft genügte der amtliche Nachweis. So kam es zu heftiger Kritik an der neuen Universität, vor allem aus den bereits etablierten akademischen Kreisen. Trotzdem begann die Einschreibung, und schon im November 1946 zählte die Universität Mainz 4450 Studenten und 156 Professoren. (Zum Vergleich: In Tübingen waren zum selben Zeitpunkt 3300 und in Freiburg 2100 Studenten eingeschrieben.)
Wie bei allen Deutschen war auch das Leben der Studenten in diesen Jahren in erster Linie von der Sorge gekennzeichnet, etwas Eßbares zu bekommen. Die Einrichtung einer Mensa bedeutete sowohl für die Studierenden als auch für die Professoren, ein Minimum an Mahlzeiten für wenig Geld zu erhalten. Aber das Essen war schlecht und jeder versuchte, noch etwas extra zu bekommen. Manche erhielten Rationen von Freunden, die auf dem Lande wohnten oder ergatterten eines der begehrten Hilfspakete aus Amerika oder aus der Schweiz. Noch im Jahre 1947 war die Situation so verheerend, daß die Militärregierung anordnete, denjenigen Studenten, die sich auf ein Examen vorbereiteten, extra Lebensmittelkarten zuzuteilen, so daß sie schließlich die gleiche Ration bekamen wie Schwerarbeiter. Auch bei der Suche nach einer Unterkunft ergaben sich Schwierigkeiten für die Studenten. Die Behörden richteten zwar besondere Wohnheime ein, aber die waren dem Ansturm längst nicht gewachsen.
Privatunterkünfte waren rar, weil alle selbst froh waren, wenn sie ein heiles Dach über dem Kopf hatten. Jeder mußte den Kampf aufnehmen: sich Nahrung und Heizung zu verschaffen, verbunden mit dem eisernen Willen, ein Studium durchzuziehen. Es gab Studenten, die an zwei Tagen in der Woche aufs Land hinausfuhren, um Kartoffeln zu hamstern, die dann auf dem Schwarzmarkt für andere notwendige Dinge umgetauscht wurden. Andere versuchten, bei der französischen Militärverwaltung irgendeinen Job zu bekommen, damit wenigstens ein zusätzliches Mittagessen abfiel. Die Beschaffung der notwendigen Bücher, des Arbeitsmaterials, und waren es nur Bleistift und

160 *Colonel Paul Peronnet, Leiter der Section Radiodiffussion, beim Gespräch mit seinen französischen Mitarbeitern.*

Papier, gestaltete sich oft als unüberwindbares Problem. Nach und nach entstanden Kontakte zu ausländischen Universitäten, Hilfe wurde angeboten und nach der zaghaften Annäherung begann schon im Jahre 1947 der erste Austausch von Studenten.

Vor allem durch die Bemühungen von Madame Giron, der Stellvertreterin Schmittleins, konnten 1947 zwei weitere wichtige Einrichtungen ihren Betrieb aufnehmen: Die Hochschule für Verwaltungswissenschaften in Speyer und das Sprachen- und Dolmetscher-Institut in Germersheim. Ziel der Hochschule für Verwaltungswissenschaften sollte es sein, die «Ausbildung einer für den demokratischen Staat nach dessen gegenwärtigen Erfordernissen sachlich wie persönlich qualifizierten Beamtenschaft» zu übernehmen. Auf diese Weise wollten die französischen Behörden auch möglichst schnell die Lücken wieder auffüllen, die durch die Entnazifizierung und Kriegsverluste entstanden waren. – Im Sprachen- und Dolmetscher-Institut in Germersheim bestand gleich von Anfang an über die Hälfte des Lehrpersonals aus ausländischen Kräften, die in ihrer Muttersprache die modernsten Methoden des Übersetzens und des Simultan-Dolmetschens unterrichteten. Der Stundenplan enthielt zunächst die Sprachen Französisch, Englisch und Russisch und wurde nach und nach auf alle wichtigen Sprachen der Welt erweitert. Daneben konnte man jeweils auch ausführlich die Kultur des Landes studieren, dessen Sprache man lernte.

Im Rahmen der Erwachsenenbildung entwarf das «Bureau de la Culture Populaire» weitreichende Programme, um allen Bevölkerungsschichten mit unterschiedlichem Bildungsniveau den Besuch einer Volkshochschule zu ermöglichen. Die Franzosen nahmen an, daß es sich dabei um die größte Gruppe innerhalb der deutschen Bevölkerung handelte. Sie standen nun vor der schwierigen Aufgabe, auf die Erwachsenen aller Altersklassen und aller möglichen Berufe mit ihren Umerziehungsplänen einwirken zu können. Diese Menschen hatten bereits ihre Ausbildung abgeschlossen, sie waren jahrelang mit der Nazi-Propaganda überschüttet worden, und sie waren im Jahre 1933 zu den Wahlen gegangen...

Es entstanden zahlreiche regionale und lokale Einrichtungen, die zunächst als Treffpunkte dienen sollten, bei denen man sich über das Bildungsangebot informierte. Daraus gingen kurze Zeit später die Volkshochschulen hervor, Institutionen, die es schon einmal in der Weimarer Republik gegeben hatte und die die französischen Militärbehörden für ihre Bedürfnisse umfunktionierten. Im Jahre 1947 existierten bereits 48 Volkshochschulen in der Französischen Zone, an denen sich 28000 Studenten eingeschrieben hatten. Zwei Jahre später hatten sich beide Zahlen verdreifacht.

Zusätzlich richteten die Franzosen besondere Zentren für junge Arbeiter und Landwirte ein. Sie konnten dort speziell auf ihre Bedürfnisse zugeschnittene Dinge lernen, aber auch Sprachen und Literatur. Diese Häuser glichen den in Frankreich vorhandenen Einrichtungen mit der Bezeichnung «Maisons de Jeunes et de la Culture».

Im Saarland und im Französischen Sektor Berlins hielten sich die Franzosen in ihrer Kulturpolitik zurück und versuchten kaum, die Einrichtung von ihnen beeinflußter Institutionen im gleichen Maße durchzusetzen. Ausgehend von der jeweiligen politischen Situation überließen sie im Saarland weitgehend den Deutschen die Initiative, etwa das Schulsystem aufzubauen. In Berlin arbeiteten sie mit den Amerikanern und Briten eng zusammen, um zu vermeiden, daß auch noch innerhalb der drei West-Sektoren bei den kulturpolitischen Maßnahmen eine strikte Teilung erfolgte.

Unmittelbar nach Kriegsende herrschte im Vergleich zu der gelenkten Nachrichtenflut der NS-Zeit zunächst einmal absolute Stille. Es gab nur die Wandanschläge der Militärregierung mit allen möglichen Erlassen, gelegentlich einen Ausrufer, der Bekanntmachungen verbreitete. Erst nach Wochen erschienen einige, wenige Mitteilungsblätter, auf denen man, wenn man Glück hatte, auch Notizen über die Verhältnisse an anderen Orten fand. Eine Post gab es nicht, die Menschen waren auf die Augenzeugenberichte heimkehrender Soldaten oder durchziehender Flüchtlinge angewiesen. Nachdem auch noch alle Rundfunkgeräte abgeliefert werden mußten, über die gelegentlich ein ausländischer Sender zu hören war, herrschte ein Zustand der Informationslosigkeit. Er trug wesentlich dazu bei, daß Gerüchte aller Art entstanden und über die sogenannte «Mund-zu-Mund-Propaganda» verbreitet wurden. Aber es gab noch intakte Druckereien oder nur wenig zerstörte, so daß mit Genehmigung und Unterstützung der französischen Militärbehörden nach und nach die ersten

Zeitungen wieder erschienen. Wer noch im Besitz eines Rundfunkgeräts war, konnte auch schon bald ein paar Sendungen empfangen. Am 8. August 1945 kam das in Baden-Baden redigierte «Badener Tagblatt» wieder heraus, das am 12. April des Jahres sein Erscheinen eingestellt hatte. Die neue Ausgabe trug nicht die Nummer 1 des ersten Jahrgangs, sondern wurde als Nummer 86 des Jahrgangs 133 veröffentlicht. – Am 5. September 1945 erschien die erste Nachkriegsausgabe der «Freiburger Nachrichten», am 8. September folgte der «Südkurier» in Konstanz. Im Leitartikel des ersten Blattes hieß es dort zur Situation der Presse im Nachkriegsdeutschland u. a.:

«Die durch das Ende des Krieges für Deutschland entstandene Situation richtig zu sehen und zu verstehen, ist nicht leicht. Wir stehen ohne staatliche Macht in der Welt, und auf uns lastet der Vorwurf, das Land des Nationalsozialismus gewesen zu sein. Das weiß jeder. Aber in allem übrigen zeigt jedes Gespräch, wie sehr die Meinungen voneinander abweichen...

... jetzt haben wir wieder Zeitungen. Von über 4000 deutschen Blättern, die es früher gab, bestanden am Ende des Krieges noch einige Hundert, und auch diese waren keine Zeitungen mehr. Die Diktatur muß aus dem, was Presse ist, Prospekte machen. Prospekte aber, die immer das gleiche sagen, sind schließlich wertlos. Die Frage ist nun, ob die Zeitungen, die jetzt zu erscheinen beginnen, wieder Presse im eigentlichen Sinn sein werden, und ob man ihnen vertrauen könne. Für uns, die wir eine Zeitung herausgeben, heißt die Antwort Ja...«

Wenig später, Anfang 1946, erschien auch die erste Zeitschrift in der Französischen Zone, die «Badische Illustrierte» in Freiburg. Im Laufe der Monate tauchten immer weitere auf. Es hatte den Anschein, als ob die Menschen ihr Informationsdefizit wieder wettmachen wollten, denn Zeitungen und Zeitschriften waren bereits kurz nach ihrem Erscheinen vergriffen.

Sie wurden gelesen, weitergereicht, man bemühte sich darum, die nächste Nummer zu bekommen. Es fanden sich bekannte Namen unter den Autoren, die den Älteren zum Teil noch aus den Jahren vor 1933 vertraut waren. Überhaupt schien sich eine Fortsetzung des Zeitschriftenwesens aus den zwanziger Jahren anzubahnen. Die offene Diskussion politischer, kultureller und wirtschaftlicher Fragen

Stellenmarkt

Für Baden-Baden sucht der Südwestdeutsche Rundfunk Mitarbeiter für das Wortprogramm (Nachrichten literarische Vorträge, Hörspiele usw.). Ausführliche Bewerbungen mit Angabe der bisherigen Tätigkeit und politischen Vergangenheit sind zu richten an: Südwestdeutscher Rundfunk, Hotel Kaiserin Elisabeth, Baden-Baden, Moltkestraße 5.

Für das Orchester des Südwestdeutschen Rundfunks in Baden-Baden Leitung: Generalmusikdirektor Gotthold E. Lessing, werden Musiker aller Instrumente gesucht. Ausführliche Bewerbungen mit Angabe der bisherigen Tätigkeit und politischen Vergangenheit sind zu richten an: Südwestdeutscher Rundfunk, Hotel Kaiserin Elisabeth, Baden-Baden, Moltkestraße 5.

Tüchtiger Linotypesetzer für sofort gesucht. H. Chr. Sommer, Bad Ems.

Vielseitiger Obermaschinenmeister, guter Maschinenkenner und Disponent, der tatkräftig mitarbeitet, v. mittl., rhein. Buchdruckereibetrieb baldmögl. gesucht. Verlangt werden erstklassige Leistungen auf allen Gebieten des Buchdrucks und des Mehrfarbendrucks. Bewerbungen m. Lebenslauf, Zeugnisabschr., Bild u. Ansprüchen u. Ziff. 1619 an den Mittelrhein-Kurier, Bad Ems.

Zahntechniker u. 1 Lehrling gesucht. Zahntechnisches Laboratorium Buß, Kalb u. Thénot, Neuwied, Friedrichstraße 41.

161 *Stellenangebote des SWF.*

konnte wieder beginnen, wenn auch zunächst unter der strengen Aufsicht der Besatzungsmacht.

Für die in Deutschland stationierten französischen Soldaten gab es zwei Zeitschriften. Monatlich erschien die «Revue d'Information des Troupes Françaises d'Occupation en Allemagne». Sie wurde vom Außenministerium in Paris überwacht und sollte dazu beitragen, daß die Soldaten mit den Eigenarten der deutschen Kultur, speziell in ihrem Einsatzgebiet besser zurechtkamen. Anfang 1948 ergänzte sie die «Réalités Allemandes». Diese Zeitschrift enthielt vor allem Angaben über das politische und wirtschaftliche Leben in der Französischen Zone, erwähnte darüber hinaus auch zum Vergleich die Situation in den anderen Zonen. Die Amerikaner begannen sofort nach der Besetzung damit, ein Rundfunknetz einzurichten. Am 1. Mai 1945 beschlagnahmten sie im noch von den Franzosen besetzten Stuttgart das beschädigte Telegrafenamt und stellten in der Einfahrt zum Hof einen Studio-Wagen auf, der am 3. Juni die erste Ansage als «Radio Stuttgart» ausstrahlte. Da die Franzosen in ihrem Besatzungsgebiet außer den zerstörten Sendern Freiburg und Koblenz (als Sonderfall zählte Radio Saarbrücken) keine ehemalige Rundfunkstation übernommen hatten, bemühten sie sich um eine Mitbenutzung des Stuttgarter Senders, der auch in weiten Teilen ihrer Zone zu empfangen war. Es gelang ihnen, am 5. September 1945 einen französischen Verbindungsoffizier in Stuttgart einzuschleusen. Am 25. Oktober wurden erstmals Nachrichten in französischer Sprache ausgestrahlt, und zwar im Rahmen einer Sendung mit der Bezeichnung «Echo des Tages» für den von den Franzosen besetzten Teil von Württemberg und Baden. Eine Beteiligung am Sender aber, wie es die französische Militärregierung wünschte, wurde nicht erreicht. Im September 1945 wurde in Baden-Baden die «Section Radiodiffusion» innerhalb der «Division de l'Information» gegründet. Am 8. Oktober schließlich begannen die ersten deutschen Mitarbeiter zum Zweck der Einrichtung eines zentralen Funkhauses für die Französische Zone im beschlagnahmten Hotel «Kaiserin Elisabeth» mit dem Sortieren von Schallplatten, die französische Soldaten beim Abzug aus Stuttgart mitgenommen hatten. Am 20. Oktober wurde ein 1-kW-Kurzwellensender in Betrieb genommen. Unter der Bezeichnung «Südwestfunk» sollte er das Programm beginnen. Wenige Tage vorher, am 14. Oktober hatte der wieder instandgesetzte Sender Koblenz seine Tätigkeit aufgenommen. Am 31. März 1946 folgte ein 8-kW-Sender in Freiburg im Breisgau und am 23. Juni des Jahres ein 0,5-kW-Sender in Kaiserslautern, später noch, am 15. November, ein weiterer 5-kW-Sender in Sigmaringen.

In allen Besatzungszonen wurden in der ersten Zeit nach dem Zusammenbruch die für deutsche Hörer bestimmten Programme von den Besatzungsmächten selbst gestaltet oder doch zumindest strengstens überwacht, wofür der Zusatz in der Stationsansage, «ein Sender der Militärregierung», als deutliche Kennzeichnung diente. Allmählich zogen sich die Kontrolloffiziere aber von der Planung und Ausführung der Programme zurück und beschränkten sich auf die Überwachung der Sendungen und des Sendebetriebs. Sie nahmen an wichtigen Programmsitzungen teil, überprüften Musiksendungen, zensierten Manuskripte für geplante Wortsendungen und beeinflußten, wenn ihrer Ansicht nach nötig, die vorgesehenen Maßnahmen für Technik und Verwaltung. Im Bereich der Französischen Zone bestanden die größten Probleme nicht in der Programmgestaltung, sondern vor allem auf organisatorischem Gebiet.

In den Ländern Rheinland-Pfalz, Württemberg und Baden hatte es keinen eigenständigen Rundfunk gegeben, so daß ein neues System erst gegründet werden mußte. Die «Section Radiodiffusion» der französischen Militärregierung wollte den Hauptsender und die wichtigsten Studios in der Stadt Mainz unterbringen; die deutschen Mitarbeiter konnten sich aber durchsetzen und entschieden sich bei der rechtlichen Konstituierung für Baden-Baden. – Am 31. März 1946 um 6.45 Uhr meldete sich der neue Südwestfunk zum ersten Mal über die Sender Freiburg, Koblenz und Baden-Baden. Das Pausenzeichen – es hat sich bis heute nicht geändert – ist ein Motiv aus der Mozart-Oper «Die Zauberflöte». Bereits nach einem Jahr Tätigkeit veröffentlichten Mitarbeiter des Südwestfunks eine Broschüre mit einem Rückblick auf die geleistete Arbeit. Dort hieß es:

162 *Kinder 1947.*

«Die Einrichtung der programmgestaltenden Abteilungen stieß auf große Schwierigkeiten, da es nicht nur an sachlich geeigneten und politisch einwandfreien Kräften fehlte, sondern auch die notwendigsten Materialien – wie Schallplatten, Musikinstrumente, Noten und Bücher – erst mühsam herangeschafft werden mußten. Die verwaltungsmäßigen Grundlagen gewannen ebenfalls Gestalt: Der «Südwestfunk» erhielt nicht nur die nötigen finanziellen Betriebsmittel, sondern auch Möglichkeiten zur Verpflegung und Unterbringung des Personals. Als Rundfunkhaus dient ein Hotel. Der Ausbau ist noch nicht abgeschlossen, zumal ein zentrales Sendegebäude in Mainz errichtet werden soll. Das Rundfunkprogramm des ersten Jahres ist zu einer künstlerischen Höhe entwickelt worden, die den Leistungen anderer, technisch und materialmäßig besser ausgerüsteter Sender nicht nachsteht. 4109 Sendestunden wurden mit eigenen Darbietungen oder mit Übertragungen ausgefüllt.
Die Musikabteilung, der das 100 Mann starke Orchester untersteht, brachte 14 Erstaufführungen, u. a. von Bela Bartok, Paul Hindemith, Claude Débussy, Igor Strawinsky, Heinrich Sutermeister, Wolfgang Fortner und Arthur Honegger. Otto Klemperer dirigierte zum ersten Male in Deutschland nach seiner erzwungenen Flucht das «Südwestfunk»-Orchester... Unter den Hörspielen befanden sich 14 Werke, die zum ersten Male in einem deutschen Rundfunksender geboten wurden. Autoren waren neben vielen anderen Jean Cocteau, Jean Anouilh, René Descartes, Felix Timmermans, Georg Kaiser... Für Unterhaltung sorgten Konzerte und kabarettistische Veranstaltungen. Regelmäßig laufen die Sendungen «Musikalisches Rendez-Vous» und die bunte, klingende Filmschau «Scheinwerfer auf!» Zum stärksten Briefempfänger entwickelt sich der Märchenonkel. Auch der Jugendfunk vergrößerte ständig die Zahl seiner Freunde. Der Familienfunk war bemüht, der Hausfrau über manche Schwierigkeiten dieser Zeit hinwegzuhelfen. Über die Ereignisse in aller Welt unterrichteten 8 Nachrichtensendungen... Der französische Sprachunterricht führte die Hörer in die Gedankenwelt unserer westlichen Nachbarn ein. Die Zahl der Hörer stieg von 380000 auf 470000...»
In der Zwischenzeit hatte der Ausbau der neuen Sender und Studios begonnen. Mit ihnen sollte den regionalen Gegebenheiten innerhalb der Französischen Zone Rechnung getragen werden. Der im Januar 1947 neu eröffnete 50-kW-Sender in Koblenz war zwar in erster Linie gebaut worden, damit er das Hauptprogramm aus Baden-Baden verbreitete, die Studios übernahmen aber darüber hinaus auch besondere Regionalbeiträge, die sich mit dem Leben im nördlichen Teil der Französischen Zone auseinandersetzten.
Einen Sonderstatus erhielt der ehemalige Reichssender Saarbrücken, als nach der Errichtung der französischen Besatzungszone französische Einheiten die US-Streitkräfte an der Saar ablösten und die Forderungen der Regierung in Paris weitgehend erfüllt wurden, die auf wirtschaftlichen Anschluß des Saarlandes an Frankreich und politische Autonomie warteten. In den ersten zwei Wochen nach Sendebeginn arbeitete Radio Saarbrücken unabhängig, dann mußte es allerdings sein Programm vom Südwestfunk Baden-Baden weitgehend übernehmen und war damit nur noch ein Nebensender. Erst am 15. September 1946 erlangte Radio Saarbrücken seine Selbständigkeit wieder – ein Zeichen dafür, daß die Franzosen zunächst auch in ihrer Kulturpolitik einen einheitlichen Weg in der gesamten Zone, einschließlich des Saarlandes, durchführen wollten. Später machten die besonderen politischen Ziele an der Saar jedoch einen eigenständigen Rundfunk notwendig.
Bei der Einweihung des 50-kW-Senders in Koblenz am 25. Januar 1947 eröffnete General Laffon die erste Rundfunkausstellung, die in Deutschland nach 1939 zustande gekommen war. Sie ging danach als Wanderausstellung durch die gesamte Zone und sollte einen Überblick geben über die Aufbauarbeit und die Organisation des Rundfunks im französischen Besatzungsgebiet sowie einen Einblick in die Entwicklung der Rundfunktechnik zur damaligen Zeit. Besonderer Anziehungspunkt war ein Magnetophon, «das modernste Schallaufnahme- und Wiedergabegerät», wie es hieß, im Jahre 1947. Jeder konnte selbst auf Band sprechen und anschließend seine Stimme im Lautsprecher hören.
Das Bedürfnis der Menschen im zerstörten Deutschland nach Unterhaltung war neben den täglichen Sorgen, etwas zu essen, ein Dach über dem Kopf und einen Arbeitsplatz zu bekommen, besonders groß. Es dauerte aber eine ganze Weile, bis man zum Beispiel wieder ins Kino gehen konn-

163 *Kinder auf dem Weg zur Schule.*

te. Für einige Jahre war dann Baden-Baden so etwas wie ein Film-Mittelpunkt in der Französischen Zone Deutschlands. Verantwortlich für die Programme, die im August 1945 zaghaft begannen, war Marcel Colin-Reval, Filmoffizier und Hauptmann der französischen Armee. Er gründete mehrere Verleih-Gesellschaften und die ersten Filmfachzeitschriften. Bereits im September 1945 durfte das «Aurelia»-Filmtheater in Baden-Baden die Pforten öffnen. Es gab die damals üblichen Vorstellungen, abwechselnd für die Franzosen und für die Deutschen. Kopien alter deutscher Filme tauchten aus der Versenkung auf und waren wieder zu sehen, wie etwa «Kora Terry» mit Marika Rökk, «Große Freiheit Nr. 7» mit Hans Albers, «Die Feuerzangenbowle» mit Heinz Rühmann oder «Die Julika» mit Paula Wessely. Für die insgesamt 200 spielfähigen Theater in der Zone war das nicht allzuviel. Die «Section Cinéma» überwachte streng den Verleih, der die Filme zuteilen mußte, und sorgte für die notwendigen vertraglichen Regelungen. Gegen Ende des Jahres kamen zahlreiche französische Filme in die Kinos, allerdings nur mit Untertiteln: eine Art der Vorführung, die den Deutschen bis heute nicht so recht liegt. Gezeigt wurden u. a. «La belle et la bête» (Jean Marais) und «Les enfants du paradis» (Jean Louis Barrault). – Aber schon im Lauf des Jahres 1946 begann man

164 *Hans Quest als «Beckmann» in Wolfgang Borcherts Stück «Draußen vor der Tür». Die Uraufführung war am 21. November 1947 in den Kammerspielen Hamburg. Regie führte Wolfgang Liebeneiner.*

damit, französische Filme zu synchronisieren, eine Tatsache, die sich belebend auf die Spielpläne der Filmtheater auswirkte. Ein anderes, interessantes Ereignis im ständigen Bemühen um ein «abendfüllendes Programm» im Kino war schließlich Mitte 1946 das Wiedererscheinen der Wochenschau. «Blick in die Welt» arbeitete in Verbindung mit der französischen «Actualité française» und war nach kurzfristiger Begrenzung auf die Französische Zone in bescheidenem Umfang auch in der Britischen und Amerikanischen Zone zu sehen.
Nicht nur Filme und Literatur, sondern auch Theater aus Frankreich wurde vom deutschen Publikum mit Leidenschaft aufgenommen. Führend war auch auf diesem Gebiet Baden-Baden, nicht zuletzt deshalb, weil die Besatzungstruppen selbst hohe Ansprüche an die Aufführungen der Gastspiele französischer Theater stellten. Auffallend waren aber auch die Aktivitäten in den – unzerstörten – kleineren Städten. In Konstanz, dessen Stadttheater am 5. Oktober 1945 wieder eröffnet wurde, und in Tübingen fanden sich zahlreiche deutsche Spitzenkräfte ein. Freiburg und Überlingen folgten, wobei die Überlinger Kulturwoche vom November 1945 besonders zu erwähnen ist.
Die erste Kulturelle Tagung in der Französischen Zone fand am 20. Oktober 1945 in Überlingen statt. Die Veranstaltung entwickelte sich aufgrund deutscher Initiativen, wurde aber von französischer Seite tatkräftig unterstützt. In einer Ausstellung moderner Kunst hingen Bilder zumeist aus privatem Besitz. Es fanden Konzerte mit Aufführungen moderner Musik statt, Vorträge über bildende Kunst und moderne Musik wurden von Rednern aus der Schweiz und Deutschland gehalten.
Vom 1. bis 30. Juni 1946 gab es die «Konstanzer Kunstwoche», umfangreiche Veranstaltungen, die nicht nur auf die Französische Zone beschränkt waren. Aus ganz Deutschland kamen die Besucher, ungeachtet aller Passierschein- und Reiseschwierigkeiten und auch aus der Schweiz und aus Österreich trafen Künstler und Kunstfreunde in großer Zahl ein. Schon so einfache Fragen wie die Unterbringung von Gästen stellten die Deutschen damals vor fast unüberwindliche Probleme. Die Militärregierung zeigte sich großzügig und stellte sämtliche verfügbaren Zimmer der beschlagnahmten Hotels zur Verfügung. Die Städte Singen, Radolfzell, Überlingen und Meersburg wurden als Übernachtungsorte für die Besucher miteinbezogen. Sogar Sonderzüge und Sonderschiffe wurden eingesetzt, die Sperrstunde bis zwei Uhr nachts verlängert. In den Tagen vom 1. bis zum 14. Juni fanden neben den Ausstellungen 45 wichtige Veranstaltungen statt, die Fachgespräche und zahlreichen öffentlichen Diskussionen nicht gerechnet. Die Kosten der Kulturwoche wurden weitgehend aus dem Besatzungsbudget bestritten, weil die Eintrittspreise dafür kaum ausreichten.
«Die Tage waren mit Programmen vollgestopft, deutsche Dichterlesungen wechselten mit Vorträgen über englische, amerikanische und französische Literatur ab. Russische Ikonen und osteuropäische Musik gehörten ebenso zum europäischen Kulturbild wie die dargebotene deutsche, französische und schweizerische Kammermusik. Von der breiteren Öffentlichkeit weniger bemerkt, aber sehr fruchtbar in der Auswirkung, zogen sich durch

165 *Ein Film aus einer zwölf Jahre lang verschlossenen Welt: Charlie Chaplins «Goldrausch» in Berlin.*

das Programm der Tage Diskussionen und Fachgespräche, die sich oft noch bis tief in die Nacht hinein fortsetzten. Maßgebende Persönlichkeiten des kulturellen Lebens von Hamburg bis zum Bodensee nahmen daran teil, besonders intensiv Architekten, Kunsthandwerker, Museumsdirektoren, Männer des vom Bauhaus inspirierten Deutschen Werkbundes. Man brachte den Deutschen das Bewußtsein ihrer kulturellen Leistung zurück.» (Zitat: «Südkurier» Konstanz)

Die Theatervorstellungen, die dem Publikum in diesen Tagen geboten wurden, spiegelten einen Querschnitt durch alle Spielpläne in der französischen Besatzungszone wider. Man brachte «Mutter Courage und ihre Kinder» von Bert Brecht, «Amphitryon 38» von Jean Giraudoux als eigene Insze-

166 *Aufführung von Molière's «Der Geizige» in Freiburg. Die Franzosen brachten ihre besten Theaterensembles in die Zone.*

nierungen. Als Gastspielaufführung aus Baden-Baden war «Kabale und Liebe» von Schiller zu sehen, das Staatstheater Stuttgart führte «Antigone» von Jean Anouilh auf. Als Neuheit für das deutsche Publikum zeigte das Neue Theater, ebenfalls aus Stuttgart, «Unsere kleine Stadt» des Amerikaners Thornton Wilder. Ein Ensemble aus Paris brachte im französischen Urtext die Tragödie «Horace» von Corneille; speziell für die Jugend wurde von der Landesbühne Sigmaringen «Der eingebildete Kranke» von Molière aufgeführt.

Mitte September 1945 durfte auch wieder der Sportbetrieb in der Französischen Zone aufgenommen werden. Die Vereine mußten bei den Militärbehörden einen entsprechenden Antrag stellen, dessen Bearbeitung sich manchmal verzögerte. Nicht alle Antworten fielen dann positiv aus; zahlreichen Vereinigungen wurde die Zulassung verweigert. Mitunter warf man zwei bis drei Clubs einfach zusammen, z.B. einen Fußball- mit einem Turn- oder Kraftsportverein, wie es in Idar-Oberstein etwa geschah. Immerhin war jetzt eine weitere Gelegenheit gegeben, dem nicht gerade abwechslungsreich verlaufenden Alltag zu entfliehen und dem Ball entweder selbst nachzujagen oder von der Tribüne aus seine schwächlichen Energien mit Anfeuerungsrufen zu verschwenden. Alte Fußballderbys, wie etwa die Spiele des Freiburger FC gegen den Offenburger FV feierten eine Neuauflage und zogen die Massen wieder in ihren Bann.

Das Leben normalisierte sich zusehends. Deutlich wurde dies vor allem im Frühjahr 1949 in Mainz bei der ersten Nachkriegsfasnacht. Da saßen französische Offiziere unter den Zuschauern und lachten bei den Späßen der Narren mit, die bei ihren Auftritten die Besatzungsmacht nicht verschonten. Wieder einmal drängt sich eine Parallele auf – die Jahre 1798–1814, in denen Mainz bereits einmal unter französischer Herrschaft stand – Fasnacht als Ventil in Zeiten politischer Ohnmacht; 1949 jedoch nicht mehr von langer Dauer.

10. Aus «Erbfeinden» werden Partner – ein Ausblick

In seinen «Lettres à un ami allemand» (Briefe an einen deutschen Freund) schreibt Albert Camus für die italienische Übersetzung, die törichte Grenze zwischen Deutschland und Frankreich müsse endlich fallen. Es sind erstaunliche Worte für die Tage nach der Befreiung Frankreichs von den Deutschen im Sommer 1945. In dem Vorwort heißt es dann weiter, die Briefe zielten darauf ab, den blinden Kampf zu erhellen, in dem man sich befinde. Zwischen 1943 und 1944 entstanden, gehen die Zeilen des späteren Literatur-Nobelpreisträgers weit über die damalige aktuelle Situation hinaus. Zwar fordert Camus zum abschließenden Sieg über den Nationalsozialismus auf, aber gleichzeitig sagt er: «Ich liebe mein Land zu sehr, um Nationalist zu sein. Wir», fährt er fort, «sind freie Europäer, nicht nur Franzosen.» Ähnlich wie bei Jean-Paul Sartre, der sich zu dieser Zeit in den «Situations III» mit der ehemaligen Besatzungsmacht auseinandersetzt, ist lediglich das Deutschlandbild Camus' von 1945 negativ. Er setzt nun auf eine europäische Zukunft, die die negativen Eigenschaften der Deutschen auffangen soll. Zu ihnen rechnet er einen überzogenen kriegerischen Habitus und ein generelles Mißtrauen gegenüber dem Wort. In der Rückschau auf die Jahre 1940–1944 meint Camus, Europa sei für die Deutschen eine Frage des Besitzstandes, für die anderen Völker seit 20 Jahrhunderten das erstaunlichste Abenteuer des menschlichen Verstandes gewesen. – Wenn Schriftsteller auch häufig Vorreiter für Entwicklungsprozesse sind, die ihre Völker nur widerstrebend nachvollziehen, waren nach 1945 die Schritte auf dem Weg zu einer Normalisierung der Beziehungen zu Deutschland im öffentlichen Leben Frankreichs nicht zu übersehen.

Im Frühsommer 1946 erregte eine Ausstellung im Palais Berlitz die Aufmerksamkeit des Pariser Publikums. Vor allem an den Wochenenden gab es ein dichtes Gedränge in den Hallen, die unter dem Thema «Un an d'occupation française en Allemagne» standen (ein Jahr französische Besatzung in Deutschland). Der Besucher konnte sich zunächst über den Einmarsch der 1. Armee nach Deutschland anhand von Schaubildern informieren, die der photographische Dienst der Truppe gemacht hatte. Der Weg bis zum Bodensee war lang gewesen. Fast ein Jahr – vom August 1944 bis zum Mai 1945 dauerte er; zunächst die Landung in Südfrankreich, der Kampf um Zentralfrankreich und um Paris; dann die Rückeroberung des Elsaß im Winter 1944/45. Unter dem Kommando de Lattre de Tassignys war der bunt gemischte Verband Ende März 1945 nach Deutschland gekommen. Scheibenhardt in der Pfalz hieß das erste Dörfchen, durch das in einer Nacht französische Kommandos hallten. Wenige Tage später setzte die 1. Armee unter schweren Verlusten über den Rhein. Innerhalb von vier Wochen wurde der deutsche Südwesten anschließend aufgerollt. Große Schlachten fanden nicht mehr statt. Dafür kamen die Franzosen zu spät, war der Auflösungszustand des Dritten Reiches zu weit vorgeschritten. Es wurde nur noch «örtlich bereinigt»: ein paar Schüsse, brennende Häuser und, wenn die Deutschen vernünftig waren, eine weiße Fahne. Der Einmarsch verlief dennoch nicht ohne schwere Übergriffe auf die Zivilbevölkerung. Am schlimmsten hausten die französischen Invasionstruppen in Freudenstadt. Besondere Angst flößten den Deutschen die zahlreichen Farbigen ein, die damals in der 1. Armee dienten. Die nationalsozialistische Kriegspropaganda wirkte noch nach.

Die Hektik, die die Franzosen beim Vorrücken an den Tag legten, resultierte aus dem Konkurrenzkampf mit den Amerikanern. Sie hatten Frankreich nur eine zweitrangige Aufgabe beim Einmarsch nach Deutschland zugewiesen. Daß Paris überhaupt eine Besatzungszone erhalten sollte, stand erst im Februar 1945 fest. Monatelang herrschte ein gespanntes Verhältnis zwischen den USA und

Frankreich, weil die Franzosen ein Gebiet beanspruchten, das von Köln bis zum Bodensee reichte. Schließlich erhielten sie eine Zone, die sich aus zwei Dreiecken zusammensetzte. Die Spitzen beider Teile berührten sich im Raum Karlsruhe. Zu der unglücklichen Grenzziehung kam es, weil die Amerikaner die Autobahn Stuttgart-München innerhalb ihres Zonenbereiches haben wollten. Die Staatenbildung im deutschen Südwesten nahm dadurch erst 1952 endgültige Form an. Eine unmittelbare Konsequenz der amerikanischen Entscheidung war auch, daß die Franzosen Stuttgart und Karlsruhe aufgeben mußten. Ihnen verblieben nur noch die wenigen mittleren Städte der Region. Baden-Baden, der weltbekannte Schwarzwaldkurort, wurde zum Sitz der französischen Militärverwaltung gewählt. Ein enger Vertrauter de Gaulles, General Pierre Koenig, übernahm hier das Kommando nach einem kuriosen Interregnum de Lattre de Tassignys in Lindau. Ähnlich wie die Armee enthielt auch die französische Militärverwaltung das gesamte Spektrum an politischen Richtungen, wie man sie 1945 in Frankreich antraf: Vichy-«Gefallene», Sozialisten, Kommunisten und Konservative, Berufssoldaten, Résistance-Kämpfer, Personal aus Verwaltung, Industrie und Handel. Sie waren die wichtigsten Kräfte in einem Spiel, bei dem es letztlich auch um die Bewältigung der eigenen, jüngsten Vergangenheit ging. – Der Sieger von 1945 trug noch an seiner Niederlage von 1940 und an den Jahren der Kollaboration. Eine weitere Belastung im Verhältnis zu den Deutschen stellte die noch lebhafte Erinnerung an die Kriege von 1870/71 und 1914/18 dar, verbunden mit dem Hin und Her der Gebietsabtretungen – doch zurück zur Pariser Ausstellung vom Sommer 1946.

In einer zweiten Abteilung gab es Informationen darüber, wie es in der Französischen Zone im Sommer 1945 ausgesehen hatte. Trümmer zeigten die Photos den französischen Zuschauern, nichts als Trümmer, dazwischen Menschen, die um das tägliche Nahrungsminimum zu kämpfen hatten. Die großen Städte waren bis zu 75 Prozent zerstört worden; Mainz, Koblenz, Ludwigshafen, Freiburg, überall dasselbe Bild. Das Verkehrswesen wurde noch in den letzten Wochen am Nerv getroffen. Was nicht alliierte Bombenangriffe besorgt hatten, jagten die Deutschen beim Rückzug selbst in die Luft. Dennoch war dieser Eindruck trügerisch. Auf den zweiten Blick stellte sich heraus, daß die Schäden in den kleineren Städten und auf dem Land geringfügig waren. Auch die Industrie hatte bei weitem nicht in dem Ausmaß gelitten wie ursprünglich angenommen. Ihre Zerstörungen wurden in der Französischen Zone auf 20 Prozent geschätzt, allerdings von Branche zu Branche schwankend. Nur das Wirtschaftspotential des Saarlandes war schwer betroffen, da in diesem Gebiet beim Einmarsch der Amerikaner heftige Kämpfe stattgefunden hatten. – Insgesamt war die Ausgangslage für die Franzosen jedoch vergleichsweise günstig. Sie hatten sich vorläufig nicht um Millionen von Flüchtlingen zu kümmern wie die Briten und Amerikaner. Alles kam zunächst darauf an, die Nahrungsmittelversorgung aufrechtzuerhalten, die Verkehrswege zu öffnen und die Industrieproduktion wieder in Gang zu setzen.

In einer dritten Abteilung erfuhr der Besucher der Pariser Ausstellung von 1946, wie Frankreich seine Zone verwaltete. Bücher, Zeitschriften und Tageszeitungen bildeten zusammen mit Plakaten aus Deutschland eine ergänzende Information. Besonders ausführlich waren in diesem Bereich der Ausstellung Angaben über die Wirtschaft der Zone. Noch war die Ausbeute für Frankreich zu wichtig, als daß dieser Komplex nicht der wichtigste der gesamten Schau gewesen wäre. – Hätte 1948 eine ähnliche Ausstellung stattgefunden, dann wäre der Rechenschaftsbericht der französischen Militärverwaltung für die wirtschaftliche Enwicklung beachtlich ausgefallen.

Ende 1948 betrug die durchschnittliche Kalorienmenge in der Französischen Zone 1869. Damit war ein vergleichbares Niveau zur Amerikanischen und zur Britischen Zone erreicht. Dennoch blieb bei den Nahrungsmitteln eine weite Kluft zu den Ergebnissen der Vorkriegszeit bestehen. Die Masse der Importe in die Zone bildeten daher Lebensmittel. Eine gewisse Entspannung war auch dadurch eingetreten, daß die Franzosen in der Zwischenzeit ihr Militär- und Verwaltungspersonal erheblich reduziert hatten.

Die Kohleproduktion entwickelte sich in der Zone nicht günstig, nachdem sich Frankreich nach der Instandsetzung der Gruben an der Saar das Gebiet wirtschaftlich einverleibt hatte. Vorher waren dort fast 75 Prozent der Vorkriegsproduktion erreicht worden. Nun war die Zone auf Kohlelieferungen angewiesen, die ihr eine alliierte Verteilerstelle in Berlin zuwies. In den verbliebenen Fördergebieten

wurden knapp fünfzig Prozent des Vorkriegsstandes erreicht. – Bei der Stahlproduktion waren es 65 Prozent. – Dagegen hinkte das Resultat in der stahlverarbeitenden Industrie weit hinter der Wirtschaftsentwicklung der Französischen Zone nach. Schuld daran trug zwar auch der Verlust der Saar, stärker jedoch die französische Ansicht, daß diese Branche maßgeblich zum deutschen Kriegspotential beigetragen habe. Im Juni 1948 erreichte sie nur 30 Prozent des Ergebnisses von 1936.
In der Elektrizitätsgewinnung gab es während der Besatzungszeit beachtliche Zuwächse. Infolge der hohen Ablieferungsverpflichtungen an Frankreich mußten jedoch bis zum Schluß große Mengen an Strom importiert werden. Am besten sah die Situation bei der Chemie aus, die für die Handelsbilanz der Zone einen der wichtigsten Aktivposten darstellte. Im Juni 1948 betrug die Produktion in dieser Branche 91 Prozent des Vorkriegsstandes.
Einen großen Vorteil zogen die Franzosen auch aus dem Waldreichtum ihrer Zone. Der Holzeinschlag wurde zur großen Erbitterung der Bevölkerung fortlaufend gesteigert. Im September 1948 trug er mit 37 Prozent zum Export der Zone bei. Rechnet man noch die Papierproduktion hinzu, waren es sogar 40 Prozent.
In der Schuh- und Lederindustrie, deren Produkte noch heute Weltruf genießen, kam die Produktion dagegen nicht auf volle Touren. Sie war zudem gezwungen, große Mengen an die Franzosen abzuliefern. Mitte 1948 erreichte sie daher nur 32 Prozent ihres letzten Vorkriegsergebnisses.
Insgesamt hatte die Französische Zone damit bis Mitte 1948 51 Prozent des Produktionsstandes von 1936 erreicht. Nimmt man die Entwicklung bis zum Jahresende hinzu, stieg dieser Wert sogar bis auf 66 Prozent an. Entgegen der herrschenden Ansicht, daß die Währungsreform den entscheidenden Schub brachte, kann dies für die Französische Zone im Beobachtungszeitraum nicht bestätigt werden. Dort stieg die Produktion – allerdings von einem sehr niedrigen Niveau ausgehend – kontinuierlich von Jahr zu Jahr an. Der Aufschwung für die zweite Jahreshälfte 1948 zeichnete sich bereits im Frühjahr ab. – Die Marshall-Plan-Hilfe verbesserte dann die insgesamt schwierige Lage entscheidend. Für den Zeitraum vom 1. Juli 1948 bis zum 30. Juni 1949 erhielt die Zone nicht weniger als eine Milliarde US-Dollar. Viele wichtige Investitionen konnten jetzt getätigt werden, nachdem die

167 *Aufruf für Kleidersammlung in Trier.*

Wirtschaft bis dahin praktisch von ihrer stetig schrumpfenden Substanz gelebt hatte.
Von den Zonenexporten hatte Frankreich unter sehr günstigen Bedingungen 1945/46 78 Prozent übernommen, in den ersten neun Monaten des Jahres 1947 sogar 85 Prozent. Erst 1948 fiel die Rate wegen des Ausscheidens der Saar wieder auf 70 Prozent.
Mit der Währungsreform vom 19. Juni 1948 waren auch plötzlich wieder die Läden voller Waren. Schätzungen zufolge sind bis dahin etwa 30 Prozent der gesamten Produktion in den Schwarzmarkt gegangen, anstatt zu den vorgeschriebenen festen Preisen verkauft zu werden. Mit einem Schlag sah das Leben der Deutschen anders aus. Einen Tag später – es war ein Sonntag – drängelten sich die

Menschen an den Ausgabestellen für das neue Geld – die Deutsche Mark. Jeder erhielt 40 DM Kopfgeld, weitere 20 DM wurden einen Monat später ausgezahlt. Mancher, der mit hochgeschlagenem Mantelkragen in den vorangegangenen Jahren sein Glück auf alle Zeiten gemacht zu haben glaubte, saß nun auf alten Scheinen, die nur noch ein paar Pfennige wert waren.
Die wirtschaftliche und politische Entwicklung der Zone lassen sich in kleinen Schritten anhand des «Bulletin mensuel du commandement en chef français en Allemagne» (Monatlicher Bericht des französischen Oberkommandos in Deutschland) nachvollziehen. Neben einer allgemeinen Einführung enthielt die Broschüre folgende Abschnitte: Verwaltungstätigkeit, Entnazifizierung, Information, Stimmung der deutschen Bevölkerung, öffentliche Sicherheit, politisches Leben und Wirtschaft. – Der Abschnitt «Information» brachte beispielsweise Berichte über die Lage im deutschen Pressewesen, über Kinoprogramme und den Hörfunk.
Die politische Entwicklung hatte nach Ansicht der Franzosen mit der wirtschaftlichen nicht Schritt gehalten. Dies geht aus dem Vorwort für den Berichtszeitraum vom 1.–31. Januar 1946 hervor. Dort heißt es: «Die milden Januartemperaturen haben die schlimmsten Ängste der deutschen Bevölkerung verfliegen lassen. Sie ist völlig auf das materielle Leben fixiert und fürchtete sich davor, den ersten Besatzungswinter in zerstörten Städten zu verbringen, ohne beheizte Räume, mit kritischer Lebensmittelversorgung inmitten ausländischer Soldaten. Die Konfrontation mit Armut und Elend erschien den Deutschen unerträglich. In ihrer tiefen Apathie dachten sie mehr an das Essen am nächsten Tag als an die Zukunft Deutschlands. Da sie bisher keine große Hungersnot und keine Kälte auszustehen hatten, ist es in der Zone ruhig geblieben. Dennoch machte der Deutsche seine ersten und schmerzhaften Erfahrungen durch. Er kennt nun das Schicksal, das seine ehemaligen Politiker und Armeen Europa fünf Jahre lang zumuteten. Aber das Nichtwissen und das mangelnde Schuldgefühl der Masse erleichtern ihm nicht, die heutigen Prüfungen anzunehmen. Trotz allem weiß er, daß fremde Hilfe nötig ist. Daher neigt er dazu, die Besatzungsmacht danach zu beurteilen, was sie ihm bringt.»
Im Dezember 1947, also gut zwei Jahre später, sah die französische Beurteilung trotz neuer Akzente nicht viel anders aus: «Eine langsame, aber kontinuierliche Entwicklung im Verhalten der Deutschen ist jetzt feststellbar. Müde geworden durch zweieinhalb Jahre Besatzungszeit und durch die unzureichende Versorgung mit Lebensmitteln, wird die Bevölkerung jetzt in ihrem Verhalten aktiver. Das äußert sich in Taktlosigkeit gegenüber den Franzosen, durch klare Böswilligkeit und manchmal auch durch Ungehorsam beim Umgang mit französischen Dienststellen...
Was die Bevölkerung angeht, so ist sie mit ihren täglichen Problemen weiterhin beschäftigt. Sie interessiert sich nicht für Politik, hat kein Vertrauen zu ihren Herren und sieht ihre Probleme allenfalls vom lokalen oder regionalen Blickwinkel... Der Deutsche des Jahres 1948 ist noch nicht Demokrat. Er ist nicht einmal der Schüler, in den man für spätere Zeiten noch große Hoffnungen setzen kann.»
Diese Berichte zeigen mit großer Deutlichkeit, daß Frankreich aus eigener Kraft nicht in der Lage war, so kurz nach dem Krieg zu einem positiven Deutschlandbild und zu einer entsprechenden Politik zu finden. Man wird auf der anderen Seite nicht so weit gehen können, den Verfassern des «Bulletins» Böswilligkeit zu unterstellen. Eigene Erfahrungen und alte Vorurteile waren einfach noch zu stark, um in diese Berichte nicht einzugehen. – Ein deutscher Frankreichspezialist hat dafür eine sehr plausible Erklärung parat. Für 1948 nimmt er an, daß Frankreich die Bedrohung durch die Sowjetunion erkannte, aber emotional ablehnte. Dagegen war eine Bedrohung durch Deutschland rational nicht mehr begründbar. Trotzdem wurde emotional an sie geglaubt. – Ähnliches wird man heute übrigens für die sowjetische politische Führung in mancher Verhaltensweise gegenüber dem Westen unterstellen dürfen und sogar müssen. Auch wenn die Bundeswehr nicht eine Sekunde plant, nach Osten zu marschieren, weckt jede Verstärkung in Moskau Erinnerungen an den Zweiten Weltkrieg. Fast jeder sowjetische Spitzenpolitiker hat Stalingrad oder andere Brennpunkte des Krieges persönlich miterlebt.

168 *Der Run auf ein Eigenheim kann beginnen...* ▷

Samstag, 21. Juni 1947 11-18 Uhr
Sonntag, 22. Juni 1947 11-18 Uhr
„Michelhalle"
Offenburg
BAUSPAREN
... und dann besser leben
IM EIGENEN HEIM
Ihr sehnlichster Wunsch kann erfüllt werden. Wir finanzieren Ihren
NEUBAU WIEDERAUFBAU UMBAU
Statt Miete, Rückzahlung in bequemen, wirtschaftlich tragbaren Tilgungsraten. Unkündbare II. Hypothek zu mäßigen Zinsen. ■ Auch bei wenig Eigenkapital in geeigneten Fällen
Sofortfinanzierung ohne Wartezeit.
Verlangen Sie kostenlos unsere Aufklärungsschriften oder unverbindliche persönliche Beratung durch
SÜDDEUTSCHE BAUSPAR-KREDIT A.G
SINGEN/HOHENTWIEL
W. FREY

160-392

GOUVERNEMENT MILITAIRE EN ALLEMAGNE

LOI N° 51

MONNAIES

ARTICLE I: *Marks militaires alliés*

1. Les coupures des marks militaires alliés spécifiés au tableau ci-dessous auront cours légal dans les territoires occupés de l'Allemagne pour le réglement des dettes exprimées en marks.

2. Les coupures des marks militaires alliés auront à tout point de vue l'équivalence de tous autres marks de la même valeur nominale ayant cours légal.

3. Il est interdit de faire une distinction entre le mark militaire allié et tout autre mark de même valeur nominale ayant cours légal.

ARTICLE II: *Transactions interdites*

4. A moins d'y être autorisé par le Gouvernement Militaire, nul ne pourra faire ou entreprendre ni même offrir d'entreprendre une transaction commerciale entraînant le paiement ou la remise de monnaies autres que le mark.

ARTICLE III: *Sanctions*

5. Quiconque enfreindra les prescriptions de cette loi, sera, après constatation de sa culpabilité par un tribunal du Gouvernement Militaire, passible d'une peine prévue, autre que la peine de mort et que fixera le dit tribunal.

ARTICLE IV: *Date d'entrée en vigueur*

6. Cette loi entrera en vigueur dès sa promulgation initiale.

PAR ORDRE DU GOUVERNEMENT MILITAIRE

TABLEAU

Valeurs des coupures de Marks militaires alliés:	Dimensions	Lettres et chiffres indiquant la valeur numérique sont imprimés en:
0,50	6,7 × 7,8	Vert
1	6,7 × 7,8	Bleu foncé
5	6,7 × 7,8	Rouge violacé
10	6,7 × 11,2	Bleu foncé
20	6,7 × 15,6	Rouge
50	6,7 × 15,6	Bleu foncé
100	6,7 × 15,6	Rouge violacé
1.000	6,7 × 15,6	Vert

Les inscriptions suivantes figurent au recto de chaque billet:

a) Valeur exprimée en lettres telles que: Fünfzig Pfennig (cinquante pfennigs), Eine Mark, etc. Valeur en chiffres tels que 1/2 (sur les billets de 50 Pf.), 1 (sur les billets de 1 M.), etc.

b) Les mots » Alliierte Militärbehörde « (Autorité Militaire alliée) sur la partie supérieure des billets.

c) Les mots » In Umlauf gesetzt in Deutschland « (mis en circulation en Allemagne), » Série 1944 « et le numéro de série du billet. Sur les billets de 20, 50, 100 et 1.000 M., tout ceci figure deux fois.

La couleur de base de tous les billets est bleu ciel pour le recto et brun rougeâtre pour le verso.

Militärregierung Deutschland

Gesetz Nr. 51

WÄHRUNG

Artikel 1: **Alliierte Militär-Mark**

1. Alliierte Militär-Marknoten, deren Nennwerte in der nachfolgenden Tabelle angegeben sind, gelten im besetzten Gebiete Deutschlands als gesetzliche Zahlungsmittel für die Bezahlung von Markschulden jeder Art.

2. Alliierte Militär-Marknoten werden in allen Beziehungen jeden anderen, auf Mark lautenden, gesetzlichen Zahlungsmittel desselben Nennwertes gleichgestellt.

3. Niemand darf Alliierte Militär-Mark und irgendein anderes, auf Mark lautendes, gesetzliches Zahlungsmittel gleichen Nennwertes unterschiedlich behandeln.

Artikel 2: **Verbotene Rechtsgeschäfte**

4. Ohne schriftliche Genehmigung der Militärregierung darf niemand eine Vereinbarung eingehen oder ein Rechtsgeschäft abschließen oder den Abschluß einer derartigen Vereinbarung oder eines derartigen Rechtsgeschäftes anbieten, falls darin Zahlung in einer anderen als der Markwährung oder Lieferung einer solchen vorgesehen ist.

Artikel 3: **Strafen**

5. Jeder Verstoß gegen die Bestimmungen dieses Gesetzes wird nach Schuldigsprechung des Täters durch ein Gericht der Militärregierung nach dessem Ermessen mit jeder gesetzlich zulässigen Strafe, jedoch mit Ausnahme der Todesstrafe, bestraft.

Artikel 4: **Inkrafttreten**

6. Dieses Gesetz tritt am Tage der ersten Verkündung in Kraft.

Im Auftrage der Militärregierung.

Tabelle

Nennwerte der Alliierten Militär-Marknoten Mark	Größe in cm	Worte und Ziffern, die den Betrag angeben, sind aufgedruckt in:
0,50	6,7 × 7,8	Grün
1	6,7 × 7,8	Dunkelblau
5	6,7 × 7,8	Rötlichviolett
10	6,7 × 11,2	Dunkelblau
20	6,7 × 15,6	Rot
50	6,7 × 15,6	Dunkelblau
100	6,7 × 15,6	Rötlichviolett
1.000	6,7 × 15,6	Grün

Auf der Vorderseite aller Noten ist gedruckt:

a) Der Betrag in Worten, — z. B.: Fünfzig Pfennig, Eine Mark usw. ebenfalls der Betrag in Ziffern: z. B. ½ (auf der 50 Pf.-Note), 1 auf der 1 M.-Note usw.

b) Die Worte „Alliierte Militärbehörde" am oberen Ende der Note.

c) Die Worte „In Umlauf gesetzt in Deutschland, Serie 1944" und die Seriennummer der Note. Auf den Noten im Nennwerte von M. 20, 50, 100 und 1.000 sind diese Aufschriften zweimal ersichtlich.

Die Grundfarbe des inneren Teiles der Vorderseite aller dieser Noten ist hellblau, die Grundfarbe der Rückseite ist rötlichbraun.

Volksfreund-Druckerei Nik. Koch, Trier

170 *Zonenwährung. Viele Waren kamen auch deswegen erst mit der Währungsreform auf den Ladentisch.*

◁ 169 *Wiederaufbau in Trier (Steipenecke). Auch die alte Römerstadt ging erst im Juli 1945 aus amerikanischen in französische Hände über.*

171 *Nur gegen Vorlage des Ausweises: die Ausgabe des Kopfgeldes.*

Auch für die anderen Westmächte war es gefühlsmäßig schwierig, den ehemaligen Verbündeten Sowjetunion nun als entscheidenden neuen Gegner annehmen zu müssen. Aus der verschämten Waffenbrüderschaft der Jahre 1941/42 hatte sich bei Kriegsende auch in London echte Sympathie entwickelt. Akten des Foreign Office zeigen, daß die britischen Diplomaten äußerste Mühe hatten, die sowjetischen Übergriffe in Berlin und in der Zone als solche zu erkennen. Zunächst war man geneigt, an Propagandamärchen zu glauben.
Abneigung gegenüber den Deutschen entstand auch dadurch, daß wichtige Reformprogramme zu Hause auf der Strecke blieben, weil die Gelder in der Zone benötigt wurden. Es gab nicht mehr den militärischen Sieger früherer Zeiten, der nichts als Vorteile aus einem gewonnenen Krieg zog. Für Frankreich und Großbritannien waren die Zonen materiell wie personell Aufgaben, die sie überforderten. Aber der Großmachtanspruch mußte auch hier eingelöst werden. – In der Französischen Zone sieht in der Rückschau nur die Bilanz in der Kulturpolitik freundlich aus. Sie wurde zum Sonderfall der Beziehungen zwischen beiden Ländern bis Ende 1948.
Trotz der nicht gerade guten Beziehungen Frankreichs zur jungen Bundesrepublik kam es in den folgenden Jahren zu einer raschen Annäherung zwischen Bonn und Paris, zu der vor allem die weltpolitische Entwicklung beitrug. Frankreich ver-

suchte zwar noch einige Zeit lang, eine Rolle als Weltmacht zu spielen, mußte aber bald erkennen, daß es infolge der neuen Verhältnisse keinen Raum mehr dafür gab. Die neuen Supermächte USA und Sowjetunion hatten die Regie im jeweiligen Lager übernommen. Im Widerspruch zur offiziell verfolgten Politik hatte bereits das Zugeständnis de Gaulles gestanden, die Oder-Neiße-Grenze als künftige deutsche Ostgrenze hinzunehmen. Die Chance, Europa als dritte Kraft ins weltpolitische Spiel zu bringen, war damit noch geringer, denn die Einbeziehung der beiden deutschen Staaten in die jeweilige Einflußsphäre einer Supermacht mußte die Position der alten Welt automatisch schwächen. Paris verfehlte dadurch auch sein Hauptziel, Deutschland machtpolitisch niederzuhalten, denn es wurde jetzt von den Auswirkungen dieser Entwicklung erfaßt.
Illusionär war auch die französische Hoffnung, mit Hilfe der deutschen Kohle eine verbesserte Konkurrenzsituation für die eigene Industrie zu schaffen. Dabei ging es vor allem um die Stahlproduktion; noch lange nach 1945 der wichtigste Indikator für wirtschaftliche Macht. – Das Thema «Stahl» ist in Frankreich Anfang 1979 nicht aus den Schlagzeilen gekommen, allerdings im entgegengesetzten Sinn. In Lothringen und im Norden arbeiten die Hütten unrentabel, außerdem herrscht Überproduktion. Die Ironie der Geschichte will es, daß gerade die lothringischen Erze lange Zeit ein heißbegehrtes Objekt deutscher Annektionswünsche waren. Vor allem in den Kriegszielprogrammen des Ersten Weltkrieges spielten sie eine wichtige Rolle. – Nach und nach mußte Frankreich erkennen, daß amerikanische Finanzhilfe wichtiger war als deutsche Kohle. Nur so konnte man mit der deutschen Stahlindustrie gleichziehen. Dieser Option mußten aber auch alternative politische und militärische Überlegungen geopfert werden.
Frankreich versuchte in der Folgezeit dennoch, ei-

172 *Heimlich gedruckt und heimlich per Schiff nach Deutschland gebracht: die neue Deutsche Mark, die entfernt an den Dollar erinnerte.*

173 *Münzen ersetzen das Papiergeld von damals, unter anderem die «halbe Deutsche Mark».*

nen Teil seiner bisher praktizierten Politik zu retten. Trotz Schuman-Plan und Europäischer Verteidigungsgemeinschaft (EVG) – das seit 1945 existierende Kräfteverhältnis sollte zwischen Paris und Bonn unangetastet bleiben. Noch einmal blieb sich die einstige Besatzungsmacht in der Negation unvermeidbarer Entwicklungsprozesse treu, als sie 1954 die EVG scheitern ließ. Die Aufnahme der Bundesrepublik in die NATO ein Jahr später war die unmittelbare Reaktion auf diese Entscheidung der französischen Nationalversammlung.

Die ausgehende IV. Französische Republik zeigte sich im übrigen über den ökonomischen Aufschwung schockiert, den das Nachbarland in den 50er Jahren nahm. Auch die Lösung großer innenpolitischer Probleme – Integration von Flüchtlingen, Abbau der Klassenstrukturen – schien der Bundesrepublik besser zu gelingen. Schließlich wurde ein gutes Verhältnis zu Bonn geradezu zwingend notwendig, als Paris wegen seines problematischen überseeischen Engagements (Algerien, Suez) zunehmend in außenpolitische Isolation geriet. Vor diesem Hintergrund kam die Gründung der EWG zustande. Ihr war die Rückgabe des Saarlandes an die Bundesrepublik – der große Zankapfel zwischen beiden Ländern – vorausgegangen. Mit der erneuten Machtübernahme de Gaulles im Jahre 1958 änderten sich die «Geschäftsbeziehungen» – anders wird man die vorausgegangenen Jahre kaum charakterisieren können. Für Frankreich war die europäische Lösung plötzlich nicht länger gefragt, dagegen vertrat der neue Mann im Elysée-Palast eine Stärkung der nationalen Komponente. Es war nichts anderes als das alte französische Konzept, mit Hilfe des deutschen wirtschaftlichen Potentials dem eigenen Land eine europäische Führungsrolle zuzuschanzen.

Die Bundesrepublik konnte auf derartige Vorstellungen aufgrund ihrer gesamten bisherigen Politik und Entstehungsgeschichte nicht eingehen, ohne ihr Selbstverständnis aufzugeben. Der Streit zwischen «Atlantikern» und «Gaullisten» in der regierenden CDU suggerierte nur scheinbare Alternativen. Auch der vielzitierte deutsch-französische Freundschaftsvertrag von 1963 änderte nichts an der deutschen Haltung. Sowohl Adenauer als auch de Gaulle waren im Vorfeld des Abschlusses von falschen Voraussetzungen ausgegangen. Der Bundestag schwächte die Bedeutung des Vertragswerkes erheblich, als er ihm eine Präambel aufsetzte. Erste französische Reaktionen zeigten Enttäuschung und ließen altes Mißtrauen emporkommen.

Dabei war die Interessenlage beider Staaten für den Vertrag eindeutig. Ein Jahr zuvor hatte Frankreich den Konflikt um Algerien außen- wie innenpolitisch überstanden. Es konnte sich nun wieder verstärkt Europa zuwenden. Adenauer brauchte ebenfalls nach dem Scheitern seiner Politik gegenüber der DDR – markiert durch den Bau der Mauer – ein neues Betätigungsfeld, das sich auch die deutsche Öffentlichkeit heftig wünschte. Die Jubelstürme beim Besuch de Gaulles in Deutschland im September 1962 klingen noch immer in den Ohren.

Die folgenden Jahre sind für uns Gegenstand der unmittelbaren Erinnerung. Wer hat die Reden des Generals an die Nation vergessen, mit ihrem für deutsche Augen und Ohren ungewöhnlichen, emphatischen Abschluß? Lange Zeit war die Frage des Beitritts Großbritanniens zur EWG nun der große Streitpunkt zwischen beiden Regierungen. Erst unter den Nachfolgern de Gaulles, Pompidou und Giscard d'Estaing, begann eine schrittweise Anpassung der Politik Frankreichs an die Möglichkeiten des Landes. Der Draht zwischen dem Elysée-Palast und dem Bundeskanzleramt ist heute besser denn je zuvor. Aber man hat den Eindruck, daß dies deshalb so ist, weil der Überschwang der 50er und 60er Jahre fehlt.

Friedrich Sieburg, einer der wenigen Deutschen, die sich mit unserem Nachbarn literarisch-politisch auseinandergesetzt haben, schrieb in seinem vielgelesenen «Gott in Frankreich?» vor genau 50 Jahren: «Es ist unmöglich, eine deutsch-französische Synthese in Aussicht zu stellen. Wir beiden Nationen sind weder zu ewiger Freundschaft noch zu ewiger Feindschaft bestimmt, wir sind nur die abgekürzte Formel für die Lawine von Problemen, die uns allen über dem Haupte hängt.»

Ortsregister

(Kursiv gesetzte Zahlen weisen auf das Erscheinen des Ortes im Bild hin)